« L'aire de famille »

Christine Benoit

MON STRESS ET CELUI DES AUTRES

Du décodage au bien-être

Note au lecteur :

Afin que la lecture de cet ouvrage ne soit pas embarrassée par une multitude de parenthèses pour l'emploi du féminin, l'auteure a choisi de s'adresser à vous en employant uniquement le genre masculin. Que les lectrices n'en soient pas offensées !

© Éditions Saint-Augustin, 2007
Case postale 51
CH – 1890 Saint-Maurice
www.staugustin.ch

ISBN 978–2–88011–410–7

CHAPITRE PREMIER

COMPRENDRE LE STRESS

Un concept fourre-tout

La peur de parler en public, de passer un examen ou d'aller à un entretien d'embauche a le pouvoir d'empêcher les uns de trouver le sommeil, de nouer l'estomac, de rendre les mains moites ou au contraire d'être pour les autres, le plus fort des stimulants!

Les battements de votre cœur s'accélèrent à l'idée de vous rendre à votre premier rendez-vous amoureux. À quelle catégorie de stressés appartenez-vous? À celle pour qui les émotions coupent les jambes ou au contraire à l'autre dotée d'ailes fabuleuses qui vous portent au-delà de vous-même?

Face au défi, certains dépassent leurs performances habituelles pour courir vers la victoire et d'autres s'effondrent par peur d'échouer ou animés d'un sentiment d'impuissance s'enfoncent progressivement dans la dépression.

C'est ainsi, que le stress est vécu différemment d'une personne à une autre, car la manière de vivre un même événement provient de la personnalité de l'individu et de sa perception de l'événement en question. Si vous avez le sentiment que vous allez maîtriser la situation, soit par expérience similaire soit par confiance en vous-même, vous allez générer du stress positif nommé par le scientifique canadien Hans Selye : l'eustress. Si au contraire, vous vous sentez menacé et animé par la peur de ne rien contrôler, le distress peut nuire à votre vie.

Le stress n'est pas un mal en soi, dans bien des occasions, il est même le garant de votre protection. Par exemple, une voiture ne s'arrête pas sur le passage protégé sur lequel vous êtes engagé, votre réaction de repli sur le trottoir est la preuve que le corps est armé de mécanismes de survie qu'ébranle le stress.

Le stress est une réponse de l'organisme face à une situation nouvelle (un danger, dans ce cas précis) pour assurer votre sauvegarde. Une fois sain et sauf sur le trottoir, vous retrouvez progressivement votre calme. Le stress s'envole avec la voiture, c'est-à-dire avec le stresseur (la cause du stress).

Faut-il en conclure pour autant qu'une fois la cause partie, le stress disparaît systématiquement ? Les attentats du 11 septembre 2001 ont montré qu'il n'en était rien. Lorsqu'un événement inattendu ébranle la sécurité intérieure, son souvenir et la peur de sa récurrence engendrent l'installation d'une perturbation sur le long terme. Cet état qui force l'organisme à rester toujours vigilant le vide progressivement de son énergie et l'amène vers l'épuisement.

Par ailleurs, le stress n'est pas seulement le fait d'une circonstance négative ou agressive survenue dans l'existence. Tout semble prouver que les tracas quotidiens et les conditions de vie fatigantes peuvent avoir les mêmes effets sur l'individu qu'un deuil, une maladie... Ainsi, le temps passé dans les transports en commun, le bruit, l'agressivité, l'intolérance, le racisme, le travail dans l'urgence puisent chaque jour un peu plus dans vos réserves qui s'amenuisent faute de se reconstituer dans le silence, la paix et le respect de la différence.

Les relations difficiles avec vos enfants, votre conjoint, votre employeur ou encore vos collègues, les soucis d'argent... vous abattent tant que vous vous levez fatigué comme si la nuit avait perdu la capacité de vous donner du repos.

Enfin, les valeurs de performance, de flexibilité et de jeunesse qui animent la société actuelle engendrent du stress dû à la peur de la précarité et le sentiment de ne pas être à la hauteur. Inconsciemment, en tant que parents, inquiets pour l'avenir de vos enfants, vous vous mettez à votre tour à exiger plus de vos enfants, les installant dès le plus jeune âge, dans une tension manifeste par l'exigence de bons résultats.

Le stress est donc un concept fourre-tout qui désigne à la fois :
– une réponse de l'organisme pour survivre ou s'adapter au changement ;
– une réaction de défense face à un stresseur (cause à l'origine du stress) ;
– un effort trop fort ou trop faible par rapport à une situation nouvelle, à un défi ou une menace ;

– un sentiment de ne plus rien maîtriser ;
– un mal-être général ;
– une très grande fatigue ;
– des maladies résistantes aux traitements médicaux (migraine, maux de dos, troubles du sommeil…) ;
– un puissant moteur, qui stimule certains et laisse les non stressés dans la catégorie des désœuvrés.

Lorsque le stress nuit à la santé mentale et physique, il est important d'en prendre conscience afin d'enrayer la cause car si le stress vous protège, il peut aussi vous tuer. Comprendre le stress, c'est pouvoir réagir et être acteur de votre vie.

Une réaction biologique de l'organisme à une stimulation extérieure

Chaque fois que vous êtes confronté à un changement, à un événement catastrophique, à des exigences accrues ou à du harcèlement, votre corps réagit. La principale fonction du cerveau est de garder l'organisme en vie et en état de se reproduire.

Hans Selye (1907-1982), a été le premier médecin à décrire le syndrome général d'adaptation ou stress qui se déroule en *trois phases* :

– *La réaction d'alarme :* l'organisme grâce à l'hypothalamus (glande du cerveau) se mobilise pour passer à l'action rapide en activant votre système nerveux sympathique. L'hypothalamus envoie des messages à l'hypophyse et aux glandes surrénales. Des hormones sont sécrétées (l'adrénaline et la noradrénaline) pour fournir le maximum d'énergie au cerveau et aux muscles. Le foie libère du sucre supplémentaire dans le sang, le sang afflue dans les muscles, la respiration et le rythme cardiaque s'accélèrent, la digestion est ralentie, la bouche s'assèche, les pupilles se dilatent laissant passer plus de lumière...

– *La phase de résistance/vigilance* : l'organisme menacé assure sa survie et prolonge son action aussi longtemps qu'il le juge nécessaire (appréciation inconsciente et psychologique). L'hypophyse sécrète des hormones qui vont agir sur la glande thyroïde et la glande corticosurrénale qui produit des corticoïdes, dont le plus important est le cortisol. Il s'ensuit une cascade de réactions : la tension artérielle s'élève, le sang afflue vers les organes essentiels : cœur, poumons, foie. C'est la raison pour laquelle, en cas de choc, vous devenez pâle. La production d'hormones sexuelles comme la testostérone est freinée. Le cortisol assure un apport énergétique en cas de stress, mais freine le fonctionnement du système immunitaire (système qui défend l'organisme contre les bactéries, virus et autres agents étrangers). Le corps demeure en alerte et ne peut plus compenser les dommages provoqués par le stresseur initial, il se met dans le rouge ! Le risque est là car l'organisme peut demeurer dans cette phase alors que le danger est passé. L'environnement est devenu sûr, mais il est encore perçu comme incertain. La vigilance demeure.

– *La phase d'épuisement* : l'organisme fragilisé ne peut pas se défendre face aux agents infectieux et vous devenez vulnérable. Cette mise en tension permanente affecte aussi le système cardio-vasculaire.

Le corps humain peut supporter un stress temporaire mais son prolongement dans le temps peut entraîner des conséquences graves pour l'organisme, jusqu'au décès. Tous les organes peuvent être touchés par ces déséquilibres hormonaux qui auraient dû être momentanés et qui ont perduré. Le stress peut être également source de maladies d'origine neurovégétative (palpitations, syncopes), de troubles du comportement (addictions comme le tabagisme, l'alcoolisme, la drogue…), de confusion mentale et de dépression. Enfin, le stress peut avoir des répercussions sur le système immunitaire.

Au cours de l'évolution humaine, les stresseurs ont changé, mais les réponses biologiques qui préparent le corps à une action physique sont restées identiques. Si au temps de la préhistoire, la libération des catécholamines (adrénaline et noradrénaline) permettait de fuir à toute allure lors de la rencontre fortuite avec un ours ou de le combattre (deux réactions de survie décrites par Cannon, physiologiste américain), il est vrai qu'elle est devenue inutile aujourd'hui lorsqu'on se stresse parce qu'on a perdu un fichier informatique ou que l'on est coincé dans une file d'attente ! Cette énergie physique inutilisée engendre de l'agressivité physique ou verbale (injures) ou se canalise vers des conduites de substitution (mordre un stylo, se ronger les doigts…). De nos jours, l'organisme ne fait plus la différence entre une peur réelle qui menace notre survie et une peur psychologique imaginaire. Concevoir un rendez-vous avec un employeur pour demander un emploi mobilise le même stress que la rencontre avec un ours chez nos ancêtres !

Le repli sur soi et la désertion sociale sont aussi d'autres réactions comportementales lors d'un stress dû à un deuil ou à une rupture sentimentale.

Le stress selon votre sexe

Les recherches médicales s'intéressent au stress en fonction de l'âge et du sexe. D'après certaines études, les femmes seraient moins réceptives au stress au niveau de la concentration que les hommes. Soumis à des tests de mémoire, les hommes jeunes produisant plus de cortisol semblent plus sensibles au stress que les femmes du même âge. Les œstrogènes (hormones féminines sécrétées par les ovaires) moduleraient donc la réponse au stress chez les femmes, thèse confirmée par le fait que la mémoire des femmes ménopausées serait à son tour plus affectée par l'élévation du cortisol. Cette théorie reste à confirmer.

Le cortisol produit en excès induit un stockage des graisses dans l'abdomen, de là à en déduire que les personnes à la taille ronde seraient plus stressées, il n'y a qu'un pas à franchir !

Les femmes seraient plus perturbées par le manque de qualité des relations humaines (vie familiale en particulier) ou par les soucis d'ordre affectif. Les hommes seraient plus sensibles aux problèmes professionnels et d'argent.

Le stress touche les deux sexes de la même manière mais les réactions sont différentes. Les hommes expriment plus leur stress par la colère et l'agressivité, les femmes développent davantage de l'anxiété et de l'inhibition du désir sexuel. Les hommes recherchent plus souvent l'oubli de leurs problèmes dans l'alcool, dans des conduites antisociales et pulsionnelles alors que les femmes ont tendance à compenser par de la nourriture ou des achats (vêtements, produits de beauté…).

Les femmes sont deux fois plus vulnérables que les hommes à la dépression et lorsque les hommes sont dépressifs, paradoxalement, ils sont plus fragiles à un divorce ou au décès de leur conjoint que les femmes.

La stérilité en perturbant l'image de soi, l'identité personnelle et sexuelle est une cause sérieuse de stress. La révolution de la contraception en permettant de dissocier sexualité et fécondité a permis de programmer le désir d'enfants. L'arrêt de la contraception a fortifié les croyances d'une grossesse immédiate. Tout retard induit un sentiment d'anormalité et installe une obsession à procréer. L'accès à la paternité et à la maternité va au-delà du simple désir d'enfants. Il représente symboliquement la concrétisation d'un lien amoureux et donne un sentiment de continuité de soi à travers une autre génération. La suspicion d'infertilité est une épreuve psychologique aussi forte que la mort d'un être cher, il faut faire le deuil de l'enfant qu'on n'aura pas. La perte de statut de parent ou d'une relation filiale, une image corporelle jugée défectueuse, sont des facteurs qui peuvent provoquer un stress élevé et détériorer les rapports sexuels du couple. La procréation médicalement assistée provoquant une perte d'intimité, un contrôle des rapports sexuels et une anxiété de performance peut également altérer l'équilibre personnel et celui du couple.

Lorsque les femmes cumulent vie professionnelle et vie familiale, le manque de temps est le stresseur le plus fort. Elles font tout dans l'urgence et veulent le faire parfaitement pour accomplir à la fois leur rôle de femme, d'épouse et de mère. Même si la loi dit « à travail égal, salaire égal », les femmes connaissent l'inégalité de salaire à compétences égales et à emplois similaires dans toutes les professions, y compris le sport, et occupent encore trop peu de postes dans les directions générales. Elles sont davantage touchées que les hommes par le chômage et les emplois à temps partiel non choisis. Le spectre des grossesses, des congés inhérents et des enfants malades nuisent à leur embauche. Les femmes fournissent le travail invisible, invisible parce que non reconnu et non rémunéré : tâches domestiques, préparation des repas, soins à la famille et bénévolat. Cette part cachée du travail quotidien de la femme nécessite de l'organisation et de la réflexion permanente pour tout concilier. Toutes ces tâches qui s'ajoutent à un emploi extérieur finissent par les exténuer si elles ne sont pas aidées par leur conjoint. Le travail domestique est culturellement attaché aux femmes alors qu'il semble facultatif chez les hommes. Avoir un travail rémunéré permet aux femmes d'être indépendantes et de se réaliser autrement qu'en tant que mères ou épouses, mais suscite en contrepartie beaucoup de stress.

D'autres femmes peuvent choisir de ne pas avoir de travail à l'extérieur soit pour des raisons économiques (la différence entre le salaire et les charges – frais de garde, de transports – n'est pas avantageuse) soit pour maintenir une stabilité au foyer. *Les femmes au foyer* peuvent souffrir d'une dévalorisation sociale (le travail domestique n'est pas considéré comme un vrai travail) ou de la précarité en cas de divorce. « Plus précaires, plus chômeuses, plus travailleuses et moins payées » telle est la description des femmes stressées.

Le stress selon votre personnalité

La personnalité est un ensemble de composantes stables en interaction d'une part, entre votre corps et votre esprit et d'autre part, avec votre environnement. Une personnalité équilibrée est capable de s'adapter à toutes les situations et de revenir à son état d'équilibre initial à la suite d'un bouleversement intérieur ou extérieur.

Chaque être humain se construit à partir de ses croyances et de ses peurs.

Les peurs ne sont pas innées, elles sont acquises. Elles sont associées à des situations que vous ne voudriez jamais revivre, c'est la raison pour laquelle vous avez mis en place inconsciemment des mécanismes de défense. Imaginez que vous vous promenez dans la forêt. Dans le silence profond vous entendez un bruit insolite. Vous supposez qu'il s'agit d'un serpent. Tandis que les battements de votre cœur s'accélèrent, vous restez immobile et vous écoutez. Si un serpent surgit devant vous, vous reculez précautionneusement pour vous enfuir à vive allure ou vous saisissez un bâton pour vous défendre. Si le bruit cesse et que l'origine de ce bruit reste inconnue, vous allez poursuivre votre chemin. Si vous avez la phobie des serpents, votre peur peut vous immobiliser même si le danger n'est plus là ou est purement imaginaire. Cet exemple illustre les mécanismes de peur et de réponse qui permettent d'adopter des comportements salutaires.

Si vous ne pouvez pas réagir à cause du sentiment de ne pas pouvoir faire face, de la surabondance ou du manque d'informations… vous risquez de devenir anxieux.

Les croyances se créent dès l'enfance à partir des informations que vous avez reçues (par l'éducation et à travers les règles sociales et culturelles), que vous avez mémorisées après les avoir retraitées à partir d'expériences personnelles selon le degré de satisfaction ressenti (plaisantes ou déplaisantes). Elles sont à la base de votre pensée, de vos comportements et de vos jugements comme par exemple : « il ne faut jamais se plaindre » « quoiqu'il arrive, il existe toujours des solutions »... Grâce à elles, vous faites preuve d'une persévérance dans vos convictions en considérant vos idées comme vraies. Si vous êtes de nature pessimiste, vous aurez davantage tendance à remarquer les événements négatifs qui viendront confirmer votre croyance : « la vie est difficile, je n'y arrive jamais ». Les interactions avec l'environnement produisent votre expérience personnelle unique.

Votre personnalité prend en compte différents composants :

– *Votre caractère :* introverti (tourné vers vous-même) ou extraverti (tourné vers les autres) qui correspondent à deux attitudes fondamentales : l'évitement (vous restez en retrait) et l'approche (vous allez facilement vers les autres).

– *Votre sensibilité :* sensations, émotions, sentiments, intuition, ouverture d'esprit constituent votre sensibilité.

– *Vos sensations :* elles traduisent, consciemment ou non, les impressions reçues par vos sens. L'engouement pour les sports extrêmes s'explique par la recherche de sensations toujours plus effrénées associées au plaisir exceptionnel, au défi, aux émotions fortes, au dépassement de ses limites dans un but d'affirmation de soi. La prise de risques tout comme la consommation de substances psychotropes correspond à un désir de stimulation élevée.

– *Vos émotions :* l'émotion est un trouble intense et brutal, bref, de résonance agréable ou désagréable, suscité par une situation inattendue, par des représentations mentales, provoquées (film, livre) ou autogènes, et qui s'accompagne d'une réaction organique. Elle est innée c'est-à-dire ni volontaire ni raisonnée et se déclenche instantanément en fonction des événements, des autres composantes de votre personnalité, de votre culture et de vos attentes de la vie. Elle se manifeste au niveau physiologique, comportemental et psychique. Les émotions de base sont la joie, la surprise, la peur, la colère, la tristesse, le dégoût, le mépris, la détresse, l'intérêt, la culpabilité, la honte, l'amour. Tantôt vous les recherchez, tantôt vous les fuyez. Vous voulez même les contrôler car vous les considérez comme des obstacles ou une faiblesse parce qu'elles vous mettent dans un état qui perturbe la réflexion. Or, elles accompagnent chaque situation de votre vie et vous aident à réagir. Elles vous guident continuellement et renforcent ou non vos motivations selon le résultat de l'expérience vécue. La peur déclenche des réactions qui vous permettent de vous protéger. La tristesse de votre enfant à la sortie de l'école attire votre attention et vous invite à le questionner sur sa journée. Vos larmes qui coulent spontanément après six mois de deuil vous énervent alors qu'elles montrent que votre travail de deuil n'est pas achevé… Se couper des émotions entraîne une incapacité à s'attaquer à la cause réelle de vos maux et donc du stress. Il est préférable de les analyser pour les comprendre et agir en conséquence.

– *Vos sentiments*: ils sont l'interprétation de vos émotions et transmettent la valeur que vous accordez aux autres. L'amour et l'amitié sont des sentiments positifs nécessaires à l'équilibre. Vous avez besoin d'aimer, d'être aimé et d'avoir des amis. Le support social permet de se raconter, de se confier ou tout simplement d'échanger avec les autres. Le développement des forums sur Internet et de la téléphonie mobile sont des moyens de remédier partiellement à la difficulté des rencontres directes. Les sentiments excessifs, par contre, constituent les passions et peuvent conduire à la dépendance affective. Les sentiments négatifs tels que la haine, l'agressivité et la violence émergent dans des situations de défense, d'attaque, de frustration ou de besoin de se faire respecter. L'esprit de compétition est valorisé au sein de la société jusqu'au sein de l'entreprise et dans le sport. Mais la personnalité gagnante, par son hyperactivité et son absence de sentiments envers les autres sera plus encline au stress que les autres.

– *Votre intuition*: grâce à elle, vous pressentez les possibilités que cachent un être ou une situation. C'est une information ressentie spontanément, non réfléchie et inconsciente. Elle vous fait dire «ma première idée était la bonne». L'intuition s'oppose au raisonnement rationnel car elle prend la forme d'une connaissance liée à aucune démonstration et s'accompagne de la certitude. Pour Albert Einstein « Le mental intuitif est un don sacré et le mental rationnel un serviteur fidèle ». Dans l'histoire scientifique, de nombreuses découvertes ont été purement intuitives. Ce qui a fait dire à Jean-Paul Sartre : « Il n'est d'autre connaissance qu'intuitive. La déduction et le discours, improprement appelés connaissance, ne sont que des instruments qui conduisent à l'intuition. »

– *Vos valeurs*: les valeurs sont des fondements moraux, sociaux, religieux, esthétiques... C'est en fonction d'elles que vous agissez, que vous prenez des jugements, des décisions. Elles orientent les choix sociaux et les relations entre les hommes. Les valeurs comme la générosité, la justice, l'égalité, la solidarité, l'amour, la tolérance, le respect, l'honnêteté... permettent de vivre harmonieusement les uns avec les autres. Ces valeurs sont relativement stables dans le temps. La protection de l'environnement est une valeur émergente de notre époque. Vous transmettez vos valeurs à vos enfants au quotidien par l'exemple et les explications de vos décisions (surtout lorsqu'elles sont négatives !).

– *Vos compétences*: la compétence personnelle est la capacité à avoir confiance dans vos choix et vos décisions. Vous avez le sentiment de bien vous connaître, de savoir contrôler vos impulsions car vous êtes attentif à vos émotions. Vous avez à votre égard certaines exigences et vous essayez de les atteindre. Vous vous sentez capable d'affronter les obstacles car vous savez que vous pouvez compter sur vous.

La compétence professionnelle touche à la notion de l'acquisition d'un savoir-faire – grâce à la formation initiale, à l'expérience, à la formation continue – et d'un savoir être. La maîtrise de ces différents éléments vous donne un sentiment de compétence professionnelle, d'autant plus vraie qu'elle est régulièrement évaluée par des entretiens d'appréciation et jamais menacée.

La compétence sociale vous donne la sensation d'être bien intégré dans la vie, d'avoir un bon réseau amical et relationnel, de savoir nouer des liens et de communiquer facilement... Vous croyez que les relations humaines sont importantes, enrichissantes et vous pratiquez l'empathie et la compréhension des autres.

– *Votre manière d'anticiper des stratégies et les conséquences de vos actes:* plus vous avez confiance en vous, plus vous êtes optimiste et plus vous allez visualiser la réussite si bien que l'anticipation ne sera pas source de stress. Si au contraire, vous êtes habité par la certitude que vous prenez des risques insensés (réels ou imaginaires), que vous n'avez jamais de chance et qu'il ne vous arrive jamais que des ennuis, le stress accompagnera toujours vos projets.

– *Votre regard sur vous-même, sur votre physique:* la beauté tient une place considérable dans notre société car elle ouvre toutes les portes, de l'amour à la réussite. L'image de la beauté véhiculée par la société influence votre regard sur vous-même et votre comportement tel que les achats pour être

à la mode, l'enchaînement de régimes, la chirurgie esthétique… Le sentiment d'être beau rend sûr de soi, facilite le contact social et renforce le bien-être car l'ego aime plaire. Il fragilise cependant l'individu qui surinvestit dans son image corporelle. La personne narcissique a peur de vieillir, de grossir ou de subir des modifications corporelles à la suite d'accidents ou d'interventions chirurgicales.
La beauté intérieure ne craint pas l'outrage du temps. Si vous parvenez à vous aimer, à voir votre beauté véritable au fond de vous dans un silence bienveillant alors vous n'aurez plus besoin du regard des autres comme miroir. Vous n'aurez plus rien à prouver, vous vivrez libre.

– *Votre dépendance au regard des autres :* si le regard des autres confirme l'image que vous portez sur vous, vous vous sentez bien et considérez que vous êtes jugé à votre juste valeur. Si à l'inverse, l'autre vous renvoie une image négative, vous pouvez en être cruellement blessé ou ressentir des sentiments négatifs à son égard. L'autre est une source de plaisir ou de déplaisir. Le degré d'affectation par un regard négatif dépend de la confiance en vous.

– *Vos attitudes :* elles représentent votre manière de réagir en fonction des situations plaisantes ou déplaisantes. À la base d'une attitude, il y a une disposition mentale qui détermine partiellement la réaction, le jugement ou le comportement. Le comportement est le résultat de l'interaction entre vous et l'environnement. Il se fait en fonction de ses conséquences soit pour obtenir ce que vous souhaitez soit pour éviter ce que vous ne voulez pas.

Confrontés au même stresseur, *les individus vont donc réagir en fonction des composantes de leur personnalité,* par conséquent d'une manière différente.

Prenons l'exemple du harcèlement au bureau, sans preuves tangibles pour intenter une action en justice. La menace sera réduite si vous avez confiance en vous et dans la vie, que vous pouvez en parler avec un proche et que vous anticipez positivement une solution comme celle de démissionner. Le stress sera d'autant plus fort que vous avez tendance à être pessimiste, à vous replier sur vous-même et à croire que vous ne disposez d'aucun moyen pour affronter le stresseur ; dans ce cas, vous n'imaginez pas d'autres solutions que de supporter la situation.

Cet exemple montre l'importance de l'évaluation subjective du stresseur et du rôle de l'estimation des moyens personnels pour affronter ou non l'environnement. Plus on a confiance en soi et plus on a le sentiment de pouvoir agir, moins on est sensible au stresseur. À l'inverse, plus l'estime de soi est faible, plus on a le sentiment de ne rien maîtriser, plus on est réceptif au stresseur. C'est la raison pour laquelle, on parle de « stress perçu » : c'est-à-dire que c'est votre perception de la situation qui est à l'origine de votre stress et pas la situation elle-même. Le stress viendrait du sentiment d'impuissance face à une situation jugée difficile à contrôler. Ainsi, si vous pensez contrôler une situation stressante et si vous pouvez l'anticiper, la gravité des conséquences sera moindre.

Henri Laborit (1914-1995) parle de maladie de l'inhibition comportementale c'est-à-dire que le stress serait dû au blocage de l'action. Plutôt que d'affronter les stresseurs, certaines personnes préfèrent renoncer à leurs rêves et à leurs désirs. Cette manière de lutter contre le stress n'est pas une solution efficace car elle crée en plus un stress de privation. C'est la décision d'agir qui va rendre le stress supportable.

Kobasa et ses collaborateurs ont déterminé en 1979 les caractéristiques des *personnalités résistantes au stress*. Ces personnalités ont le sentiment de maîtriser les événements, elles se sentent engagées dans leurs différentes activités professionnelles et sociales. Elles cultivent le goût pour le défi en privilégiant le changement à la routine.

Le stress est souvent de nature émotionnelle. Les émotions et le comportement influent directement sur la santé. Ainsi les personnes impatientes, ambitieuses, impulsives et aux émotions négatives (colère, agressivité, rancœur…) sont plus sujettes au stress que leurs opposées plus paisibles et plus confiantes. Ce constat a été établi par les cardiologues Friedman et Roseman à la fin des années cinquante. Ils ont remarqué que les patients les plus exposés aux maladies cardio-vasculaires étaient colériques, impatients, plus réactifs, et consommaient plus de tabac, de caféine ou d'alcool que les autres. Ils luttaient en permanence contre les choses, les personnes et les événements et pour réaliser le maximum de choses en un minimum de temps. En 2001, Laura Kubzansky et ses collègues ont ajouté aux sujets à risque colériques, les pessimistes. Sur une décennie, les statistiques montrent que les pessimistes sont deux fois plus sujets aux maladies cardio-vasculaires que les optimistes.

Pour être le plus exhaustif possible, il faut ajouter à ce facteur de risque, le manque de liens sociaux. Les personnes seules ou isolées sont plus sensibles au stress que celles qui ont un réseau amical, familial solide et solidaire. Les personnes dépressives repliées sur elles-mêmes et qui n'expriment pas leur ressenti apparaissent comme plus disposées à développer un cancer.

Le stress a un lien avec l'expérience. Un parachutiste fortement entraîné aura moins de stress qu'une personne effectuant un premier saut en parachute. L'expérience permet de mieux gérer le stress mais ne le supprime pas. Ainsi, un acteur de théâtre qui entre en scène tous les soirs pour jouer la même pièce depuis plusieurs semaines affirmera qu'avant d'entrer sur scène, il a toujours le trac. Ce trac mobilise son énergie pour donner le meilleur de lui-même et disparaît dans l'action. Il est évident que plus la pièce a du succès, plus le stress est faible. En revanche, si l'accueil du public est mitigé, le stress est plus élevé. Dans la première hypothèse, l'acteur est simplement stressé. Son trac traduit l'envie de séduire son public et l'intérêt chaque soir renouvelé pour son métier d'acteur. Dans la deuxième, il est en plus anxieux car imaginer l'arrêt de la pièce le met en situation de danger pour sa carrière. Il est donc possible d'être stressé sans être anxieux.

Les personnes qui font preuve d'acceptation abordent la vie et les problèmes de manière positive. Ainsi, elles n'hésitent pas à rechercher du soutien ou de l'aide pour solutionner leurs problèmes et savent accepter leurs limites. D'autres à l'inverse, sont dans le déni. Ce sont elles qui par leurs attitudes vont être plus sensibles au stress car elles refusent de voir leurs problèmes.

Ainsi, pour un même problème : alcoolisme d'un enfant par exemple, les premières vont consulter des professionnels, des associations et seront prêtes à envisager une thérapie familiale s'il le faut ! Les deuxièmes vont essayer de trouver de bonnes raisons pour se rassurer sans agir : l'alcoolisme est passager, dû à l'adolescence et passera avec elle. Elles ne vont jamais évoquer le sujet, considéré comme tabou.

Face à un événement négatif comme l'échec à un examen, deux réactions sont possibles. Dans la première, l'individu impute l'échec à lui-même : manque de travail, manque de concentration, stress… Dans la deuxième, l'individu cherche une responsabilité extérieure : sujet trop difficile et inadapté au niveau requis, examinateur trop sévère… Le stress est donc vécu différemment selon que *l'accusation est portée à l'intérieur ou à l'extérieur de soi*. La remise en cause personnelle entraîne de l'autodépréciation tandis que la critique externe induit de la colère et un sentiment d'injustice.

Les stresseurs internes sont l'insécurité, l'incertitude, le doute, la difficulté à prendre des décisions, la peur de l'échec, le perfectionnisme, les attentes trop élevées, l'esprit de compétition, la solitude, la maladie…

Le stress selon votre âge

Les différentes périodes de la vie apportent des stress différents. Le vécu dans sa réalité n'est pas le plus important, c'est le ressenti c'est-à-dire la manière dont nous ressentons les choses qui compte vraiment. Cette perception évolue en fonction de l'âge et des préoccupations associées.

Dans le ventre de sa mère, *le fœtus* vit au rythme de sa mère et ressent son stress. Selon Stanislas Grof, la naissance serait un traumatisme lourd car en naissant le bébé ferait sa première expérience de mort (en mourant à sa vie utérine). De plus, il naît en pleine lumière du scialytique, dans une température et un milieu différents de ceux dans lesquels il baignait, il reçoit une tape sur les fesses afin que l'air pénètre ses poumons et se trouve rapidement séparé de sa mère. La naissance est comparable à la perte du paradis perdu.

Le nourrisson, loin de sa mère, peut ressentir le stress de l'abandon alors qu'il est simplement chez sa nourrice. Le sevrage peut être aussi vécu comme un stress, une séparation insoutenable, une sensation de manque. En l'absence de communication verbale, vous devez être attentif à la manière de s'exprimer de votre bébé par ses pleurs, la perte de l'appétit, son agitation, ses troubles du sommeil...

Lorsqu'il grandit, l'enfant peut exprimer son mal être en mouillant son lit alors qu'il est propre, en s'agrippant à ses parents, en faisant des colères, en se plaignant du mal de ventre, de maux de tête, en ayant peur du noir... Il peut refuser d'aller à l'école, avoir des attitudes agressives, se désintéresser de l'école...

Les stresseurs des enfants peuvent être :
– *Physiques :* malnutrition, violences corporelles, températures extrêmes, bruit, manque de lumière, les traitements médicaux lourds comme la chimiothérapie...
– *Psychologiques :* peur, violences verbales, disputes familiales, deuils, catastrophes, terrorisme, guerres et les images agressives et sanguinaires diffusées à la télévision peuvent rendre *les enfants* inquiets et effrayés. Les films d'horreur, pornographiques

ou les scènes de crime ne favorisent pas la compréhension du monde mais incitent l'imitation. Ces références cinématographiques banalisent la violence quotidienne, proposent de mauvais modèles et augmentent le niveau de compétence combative.
– Dus aux *changements*: la naissance d'un petit frère ou d'une petite sœur peut provoquer de la jalousie, un stress signifiant car si l'autre enfant prend sa place, l'aîné ne sait plus où est la sienne, l'inscription à la crèche, à l'école.
– Suscités par une *surabondance d'activités ou l'ennui*.

L'adolescence est une période interminable du fait de la puberté précoce et de l'entrée dans la vie active retardée par l'allongement des études et du chômage. L'adolescent cherche à s'émanciper alors qu'il dépend financièrement de ses parents. Il vit intensément ses émotions et sollicite des réponses aux questions qu'il se pose. Il s'efforce de trouver des modèles tout en les contestant. L'insécurité, l'instabilité et la précarité engendrent des souffrances multiples et contradictoires qui se manifestent par des troubles de l'humeur, des émotions exacerbées, des attitudes de violence et/ou des addictions, des tentatives de suicide, des conduites à risque (accidents de voiture)… Pour compenser son mal-être et s'évader, il a recours à des substituts tentants: alcool, drogue, médicaments et tabac. Les symptômes de stress liés à l'adolescence s'articulent autour de l'irritabilité, comme le cynisme, l'intolérance dans les discussions, l'obsession de certaines pensées négatives, les cauchemars, la solitude, les changements d'appétit, les idées suicidaires… les effets de ces symptômes sont repérables par les mauvais résultats scolaires, les retards, les indicateurs policiers et judiciaires, les expressions du langage comme « j'ai la haine » mais aussi l'isolement, le silence.

Sont des stresseurs pour les adolescents :
– les disputes familiales, le divorce ;
– le deuil ;
– la maltraitance physique, le racket ;
– les violences sexuelles ;
– la pauvreté du foyer familial (développement d'un sentiment de honte) ;
– la maltraitance psychologique : l'adulte ne porte pas attention aux besoins de l'adolescent et va à l'encontre de son bien-être par de l'indifférence, insultes, humiliation… ;
– un déménagement qui implique changement de lycée et perte des amis ;
– changement de ville pour l'étudiant qui impose la séparation du foyer natal ;
– l'échec scolaire ;
– la maladie, le handicap dû à un accident ;
– l'attente et la pression des parents pour la réussite individuelle ou à l'inverse la démission des adultes ;
– des ruptures sentimentales ;
– le choix d'un métier et l'entrée dans la vie active
– l'absence de formation civique, morale et religieuse ;
– les moqueries sur la silhouette, les insultes racistes ou sur les préférences sexuelles…

La quarantaine est l'âge de la maturité et du bilan. Elle correspond souvent à la crise identitaire du mitan de la vie. Tout se passe comme si à cet âge, vous n'aviez plus droit à l'erreur dans aucun de vos choix : travail, conjoint, manière de vivre… Comme si c'était la dernière fois que vous aviez le droit de changer, habité par la croyance « c'est maintenant ou jamais ! » La prise de conscience que la vie a un terme et que vous êtes à mi-chemin (et sur le versant descendant) peut soit générer des regrets, de la tristesse soit vous animer d'un sentiment d'urgence et vous faire vivre des expériences inconnues : infidélité, changement professionnel, envie de voyager... Cette période demande de faire le deuil de la jeunesse, d'accepter vos limites et de revoir vos priorités. Elle peut être vécue comme une crise existentielle terrible ou comme une croissance intérieure, où vous aspirez à être plus profond, plus authentique et en paix avec vous-même.

Pendant une période plus ou moins longue, nommée *préménopause,* la baisse des hormones sexuelles (œstrogènes et progestérone) exerce une désorganisation dans les règles, provoque des sueurs nocturnes et des perturbations psychologiques (irritabilité, tristesse, anxiété, signes dépressifs). La *ménopause* est une étape stressante pour les femmes à la fois par les effets de la défaillance ovarienne (troubles du sommeil et émotifs, vieillissement de la peau qui perd de son élasticité, sécheresse vaginale, infections urinaires, palpitations...) et par les préoccupations esthétiques (peur de prendre du poids, peur de vieillir). Consciemment ou inconsciemment, en tant que femme vous subissez la pression de la mode, du culte de la jeunesse et des apparences. La cinquantaine peut vous faire craindre de ne plus être aussi séduisante. La féminité reste pour certaines associée à l'idée de fertilité. D'autres au contraire se sentent libérées de toutes les contraintes d'être une femme jeune (l'absence de règles est vécue comme une libération) et s'épanouissent dans leur maturité. Une fois encore, il ne faut pas généraliser car un même événement ne provoque jamais les mêmes réactions. La réponse de chacune va dépendre de sa personnalité, de son vécu (importance du physique dans sa vie) et de sa capacité d'adaptation.

Le désordre hormonal affecte également les hommes. Version masculine, l'*andropause* avec la baisse de testostérone peut faire ressentir à l'approche de la cinquantaine une baisse de la libido, de la déprime et de la fatigue.

Dans une société basée sur la jeunesse et la nouveauté, la productivité et le rôle social, *la personne âgée* n'est plus qu'une personne à l'expérience dépassée. Dans les sociétés primitives, le vieillard était considéré comme un sage et les plus jeunes profitaient de sa disponibilité et de son discernement. De nos jours, la ségrégation entre les âges donne aux anciens un sentiment de solitude et d'inutilité.

L'adaptation à la vieillesse comporte ses agents stresseurs et le plus redoutable s'assimile à la perte : perte de la souplesse, peur de perdre son autonomie, de devenir incontinent, de quitter un logement devenu inadéquat, pertes successives d'amis, de son conjoint et relâchement des liens familiaux… Comme l'adolescent, la personne âgée a des difficultés à trouver sa place. La carence en support social joue un rôle essentiel dans la vulnérabilité psychosomatique, la dépression et l'alcoolisation de la personne âgée. Plus on avance en âge, plus on est confronté à la maladie, à la solitude et à un avenir réduit.

Le passage à la retraite peut être un véritable traumatisme pour les personnes qui n'ont pas de hobbies et qui ont consacré toute leur existence à leur métier. « Et maintenant, que vais-je faire ? » se disent-elles sans trouver de réponses qui les satisfont. Sans perspective future, sans capacité à anticiper sa vie de retraité, l'individu s'enferme dans son nouveau statut d'inactif. Il se voit privé d'avenir et sans avenir, pas d'espoir !

Or, les années qui passent sont de véritables richesses qui s'accumulent et la disponibilité offre le temps de s'émerveiller de la beauté de la vie et de transmettre ce que l'expérience vous a appris.

Chapitre 2

LES EFFETS ET LES DANGERS DU STRESS EN CONTINU

Si les réponses biologiques et psychologiques varient d'un individu à un autre, les effets du stress aussi. Le stress n'est pas une maladie. C'est un facteur à risques qui va favoriser l'apparition ou l'aggravation de maladies pour lesquelles il existe déjà une prédisposition chez l'individu. Les symptômes sont donc très différents d'une personne à une autre. Savoir les déceler à temps peut vous permettre de réagir et d'éviter d'être malade.

Une sensation de fatigue

Après un effort soutenu, physique (une séance de sport) ou intellectuel (préparation d'un diplôme), votre fatigue est normale. Par contre la fatigue chronique doit attirer votre attention. Elle est parfois la conséquence d'une maladie, mais si votre médecin ne découvre pas de cause organique, elle peut être révélatrice d'un état de stress soit lié à du surmenage (journées de travail bien remplies, sport et loisirs intenses et peu de temps de récupération) soit à de l'ennui (vie sans plaisir, sans ami).

Si dès le lever, après une nuit de sommeil, vous vous sentez vidé de toute énergie, il est important d'en tenir compte pour rechercher activement l'origine. Car c'est en découvrant le stresseur que vous pourrez agir en amont. Sans changement dans votre vie, il n'y aura pas d'amélioration de votre état de santé.

Ainsi, si vous continuez de subir une situation difficile en souffrant en silence, à accomplir des tâches que vous détestez, en vous disant que tout finira par s'améliorer et qu'en fait, tout demeure en l'état, votre corps va exprimer par une grande lassitude ce que vous refoulez ou refusez de modifier. C'est l'adéquation entre votre vision de la vie et votre manière de la vivre qui détermine votre bien-être général. Tout décalage entre votre perception du bonheur et la réalité de votre existence favorise de l'insatisfaction qui peut être la cause de cet épuisement. Vous vivez continuellement dans l'urgence, passant d'une activité à une autre et vos montées d'adrénaline donnent du piment à votre vie jusqu'au jour où vous êtes submergé par une immense fatigue. Elle a été nommée « la grippe des yuppies » aux États-Unis car elle a atteint de nombreux cadres ambitieux. Au Japon, le syndrome d'épuisement nerveux et physique est appelé *karoshi* et touche également des salariés qui semblaient inépuisables.

Extrêmement las, vous avez l'impression de ne pas pouvoir faire face aux différentes occupations de la journée. Toute action même banale devient difficile comme celle d'aller chercher les enfants à l'école. Vous ressentez une certaine incapacité à fonctionner comme auparavant. Tout ce qui vient se rajouter à votre emploi du temps, même une activité agréable comme une invitation, devient alors une contrainte ou provoque de la contrariété.

La fatigue peut provenir également d'un stress chronique. Si vous vivez avec quelqu'un que vous n'aimez pas ou que vous n'aimez plus, vous pouvez souffrir d'un stress psycho-émotionnel.

Les symptômes les plus fréquents associés à la fatigue sont :
– douleurs musculaires, crampes, baisse de résistance à l'effort ;
– troubles du sommeil : insomnie, hypersomnie, cauchemars ;
– difficultés de concentration, de mémorisation ;
– diminution de la libido ;
– irritabilité, hyperémotivité, pessimisme, démotivation, difficultés relationnelles, agressivité ;
– problèmes digestifs : diarrhée, constipation ;
– perte d'appétit ;
– maux de tête…

Des perturbations psychologiques

Votre tension psychologique peut prendre d'autres formes que la fatigue. Des signes tels que la tristesse, des idées noires, des problèmes de mémoire, de sommeil ou des troubles de l'humeur… doivent vous faire prendre conscience d'un certain déséquilibre intérieur. Ces signes d'instabilité émotionnelle s'installent progressivement. Vous devenez plus tendu et plus susceptible pour finir par être en permanence sur la défensive. Vous vivez la moindre remarque comme un reproche accablant et vous vous sentez trahi même par ceux que vous aimez. Le monde vous paraît plus dur et plus agressif, tant et si bien qu'il met en péril votre sécurité intérieure et vous fait vivre comme si vous étiez constamment menacé. Alors vous réagissez par une agressivité plus forte en cas de désaccord ou de conflit. Pour un rien, les larmes vous montent aux yeux.

Parallèlement, vous devenez plus anxieux et plus inquiet. L'avenir vous semble plus sombre et sans perspectives heureuses. Vous avez le sentiment de ne pas être reconnu dans votre travail et vous êtes moins motivé. Vous remarquez aussi que vous faites plus d'erreurs, que vous commettez des oublis et que vous avez des difficultés à vous concentrer. Cette perte d'efficacité augmente votre agacement envers vous-même et envers les autres. Dans cet état d'esprit, vous pouvez saboter vos relations avec vos collègues de travail, vos amis, voire votre famille.

Le découragement vous gagne. Vous vous sentez inutile, pas à votre place. D'ailleurs, vous vous demandez où est votre place ? Progressivement, vous perdez goût à la vie. Tout ce qui vous faisait plaisir auparavant vous laisse désormais indifférent. Vous percevez la vie autrement et la trouvez fade et sans saveurs. Vous n'avez plus faim et si vous êtes de sexe féminin vous vous jetez sur la tablette de chocolat et vous êtes capable de la manger en entier sans même vous en apercevoir. Rien ne vous intéresse et tout se transforme en corvée. Vous êtes las de jongler entre vie familiale, sociale et professionnelle. Vous aspirez au repos. Vous ne supportez plus le bruit de la télé, de la radio et le rire des enfants dans leur chambre. Si le téléphone sonne, vous n'avez pas envie d'aller répondre. Tout vous exaspère, tout vous fatigue !

Vous n'arrivez plus à prendre de décision, à savoir ce qui est bon pour vous de ce qui ne l'est pas, à vous projeter dans l'avenir. Pour vous, le présent est trop lourd pour vous permettre de concevoir le futur. Vous hésitez sur tout, même sur les choses que vous considériez autrefois comme anodines et banales.

Lorsque s'installent particulièrement une baisse de moral, une fatigue chronique associée à des troubles du sommeil et de l'appétit, une baisse de concentration et des difficultés à assumer des décisions, il faut prendre des mesures sérieuses pour réévaluer votre vie ou solliciter de l'aide si vous n'avez plus le courage de réagir.

L'anxiété associée au stress est normale car elle est liée à une situation exceptionnelle comme par exemple une compétition sportive. Vous appréhendez ce moment en imaginant l'échec. Dès que l'épreuve est terminée et le résultat positif connu, l'anxiété cesse. Or, il arrive que l'inquiétude et la peur persistent au-delà de l'événement ou s'installent sans motif apparent. Il vous arrive alors de vous lever avec une boule qui vous serre la gorge ou qui se loge au creux de l'estomac ou avec l'impression d'être écrasé au niveau du thorax. C'est de l'angoisse, une peur sans objet, à laquelle vous ne savez pas associer une réalité. Elle vous empêche de respirer profondément et vous plonge dans une tension extrême.

Il faut prendre en considération tous ces symptômes qui expriment un état de stress important, qui peuvent mener à la maladie. Cette prise de conscience suivie d'une action positive permet de conserver le plus longtemps votre capital santé.

Des réactions psychosomatiques ou maladies psychophysiologiques

Dans le langage commun, l'emploi de l'expression « c'est psychosomatique » a une connotation négative. Elle laisse supposer que le patient qui souffre n'est pas un « vrai » malade, mais un malade imaginaire ; « c'est dans la tête ».

Le terme psychosomatique vient du grec *psukhé* qui signifie esprit et *soma* qui veut dire corps. La maladie psychosomatique désigne une « maladie du corps et de l'esprit » dans laquelle les symptômes physiques affectent un organe ou un système physiologique et dont la cause est psychologique. Certains experts parlent de maladies psychophysiologiques.

Psychisme et organes sont corrélés dans les expressions populaires : « ça m'est resté sur l'estomac, cela me donne des boutons, j'ai les nerfs à fleur de peau, je suis sur les genoux, j'en ai plein le dos, ça me gonfle, je perds pied, ça me pend au nez, ça me pompe l'air… » Ces petites phrases a priori anodines sont d'une grande pertinence pour mettre des mots sur des maux. Elles traduisent dans le langage courant les effets du stress sur votre corps et les correspondances entre le psychisme et le physique. Ainsi, si vous ne digérez pas psychologiquement l'augmentation de salaire de votre collègue, elle va « vous rester au travers de la gorge » et vous aurez beaucoup de difficultés à lui parler comme avant ! Si une amie vous a fait un mauvais coup et que vous avez résisté, « c'est que vous avez les reins solides ». Vous avez su éliminer votre peine comme les reins rejettent les déchets.

Un stress prolongé modifie le terrain et peut avoir des répercussions importantes sur la santé physique. On a remarqué que l'estomac, le foie, les intestins et le côlon sont les organes cibles des névroses (affections psychiques qui s'accompagnent d'une conscience pénible et d'un état morbide).
Une émotivité forte et des contrariétés importantes donnent de la couperose, de l'herpès, des verrues, des aphtes, une transpiration excessive.
L'hypertension artérielle, les migraines, les maladies cardio-vasculaires, l'infarctus, l'hémorragie cérébrale, l'ulcère gastroduodénal, le cholestérol sont les risques qu'encourent les êtres toujours sous tension, en compétition permanente, ambitieuses et entièrement tournées vers le travail.
Les personnes introverties, qui souffrent en silence et qui ne manifestent aucune réaction violente comme de la colère alors qu'elles sont émotives sont sujettes à l'asthme d'angoisse, aux maladies de peau, non liées à une affection ou à un virus, comme le psoriasis et l'eczéma, à l'allergie.
Les événements traumatiques ou éprouvants peuvent interférer dans les maladies comme la polyarthrite rhumatoïde et la sclérose en plaques.

Dans le chapitre consacré aux réactions biologiques, vous avez pu découvrir l'influence d'un stress prolongé ou répétitif sur le système immunitaire. La défaillance de celui-ci (baisse dans le sang des lymphocytes, cellules chargées de produire les anticorps) à cause du cortisol peut avoir une influence dans le développement d'un rhume, de la grippe… chez des individus stressés. Il est établi que le système nerveux central et le système immunitaire communiquent.

Un choc émotionnel important, un état de dépression, une solitude brutale peuvent entraîner l'apparition de certains cancers chez des personnes au système immunitaire affaibli. Mais il ne faut ni généraliser ni établir de liens directs entre stress et cancer car le stress ne provoque pas le cancer, il rend plus vulnérable au développement d'une tumeur dans certaines maladies cancéreuses. La recherche médicale s'intéresse également au SIDA (Syndrome d'immunodéficience acquise) et aux effets du stress sur la progression du VIH (Virus de l'Immunodéficience Humaine).

Vous ne devez pas pour autant considérer le stress comme un ennemi car il permet une vigilance et un dépassement de soi accru lorsque vous en avez besoin. De plus, la sous-stimulation de l'organisme ou son incapacité à réagir sont aussi génératrices d'autres problèmes. Enfin, l'apparition de certaines maladies dépend avant tout de facteurs génétiques (obésité, asthme), infectieux et liés à l'environnement (allergies). Le stress n'est pas un facteur déclenchant mais favorisant.

Le traitement des troubles dus au stress permet de soulager les symptômes physiques et peut être accompagné de traitements psychologiques de manière à atténuer l'intensité du stress pour mieux y faire face.

Un sentiment d'échec ou d'incompétence

Ce n'est pas de la puissance du stresseur que dépend le niveau de stress mais de votre ressenti. Ainsi, des relations difficiles avec les enfants ou un collègue de travail peuvent provoquer des intensités de stress aussi fortes chez certaines personnes que la perte d'un emploi ou du décès d'un être aimé chez d'autres.

L'impuissance à maîtriser une situation donnée va inexorablement atteindre l'estime de soi. Ne pas parvenir à vous faire respecter, à obtenir l'estime et la considération des autres, vous amène progressivement à croire que vous êtes le seul responsable de ce qui vous arrive. Ce constat s'accompagne d'autodépréciation. Vous en venez à penser que si vous en êtes là, c'est de votre faute et uniquement de votre faute parce que vous n'avez pas su être à la hauteur.

Sachez que la vie ne satisfait pas à coup sûr tous les besoins et ne réalise pas tous les rêves. La frustration provoque de la colère, du découragement et une série d'abattements. Cette colère finit par s'orienter contre vous. Vous vous jugez incompétent et vous vous dévalorisez. Vous avez l'impression que vous ne méritez pas le poste que vous occupez, que vous ne méritez pas votre conjoint. Cette appréciation négative s'inscrit en vous et joue un rôle décisif dans votre comportement et vos relations avec les autres. Votre baromètre d'estime de soi est au plus bas. Et le cercle vicieux s'installe. Alors que vous souhaitez le respect des autres (stresseur d'origine), vous ne vous respectez plus vous-même et finissez par accepter que les autres vous rabaissent car selon vous, vous ne méritez pas autre chose. Vous vous positionnez en victime, prêt à subir et à accepter ce qui vous arrive. Vous vous concentrez sur vos points faibles, vos erreurs et n'avez aucune indulgence envers vous-même. Vous vous critiquez intérieurement et tolérez les reproches des autres car ils viennent renforcer le sentiment que vous êtes nul. Plus vous vous dépréciez et plus vous surévaluez ceux qui réussissent, plus se creuse un écart entre vous et les autres. Vous êtes de plus en plus soumis à la hiérarchie, aux conventions et à tous ceux que vous trouvez supérieurs à vous.

Progressivement, vous ne faites plus preuve d'initiatives de peur du jugement négatif des autres. Pour éviter les conflits, vous pratiquez le non-dit, vous passez sous silence ce qui vous tient à cœur.

Changer vous semble plus pénible que d'endurer ce que vous vivez. Entre sentiment d'échec du présent et angoisse du changement, vous restez paralysé dans votre mal de vivre. Cette dualité intérieure entre désir de changer et peur de l'avenir augmente chaque jour un peu plus votre stress.

Ce sentiment d'incompétence peut venir de votre éducation basée sur la culpabilisation permanente afin que vous vous surpassiez : « tu peux faire mieux » ou d'une mauvaise image de vous (soit corporelle et/ou une basse valeur personnelle).

Des troubles sexuels

Les troubles de la sexualité font également partie des conséquences néfastes d'un stress de longue durée. Le désir nécessaire à l'excitation a une composante psychologique importante. Toutes les perturbations psychologiques peuvent induire des troubles du désir, diminuant le goût physique de l'autre, car elles s'infiltrent dans vos rapports avec les autres jusque dans l'intimité. Ainsi lorsque l'individu est sous tension ou en conflits, il n'arrive ni à se détendre, ni à aller vers l'autre. De plus, une des conséquences biologiques du stress est que l'organisme diminue la quantité de sang vers les organes génitaux pour mieux l'envoyer vers les organes vitaux. Souvenez-vous que pour ne pas gaspiller d'énergie inutile, l'organisme freine sa production d'hormones sexuelles. De ce fait, l'érection chez l'homme et la lubrification du vagin chez la femme sont jugulées ou stoppées. L'impuissance masculine est alors vécue comme un échec supplémentaire qui ne fait qu'amplifier le stress initial. La sécheresse vaginale va entraîner des douleurs lors de la pénétration qui vont aggraver la perte de goût pour les relations sexuelles.

Le stress peut provoquer d'autres dysfonctionnements. Certains hommes peuvent perdre le contrôle de leur corps et connaître des problèmes d'éjaculation précoce. Certaines femmes ne parviennent plus à s'abandonner et n'arrivent plus à atteindre l'orgasme. La tentation logique est de recommencer pour se prouver que tout est rentré dans l'ordre. C'est une mauvaise idée car plus vous vous forcerez à y arriver et moins le résultat sera positif. La volonté est l'ennemie du plaisir ! La disponibilité, la détente, le temps des caresses sans forcément passer à l'acte vous réconcilieront davantage avec votre corps que l'obligation de réussite que vous vous fixez. Avec le stress, les fantasmes s'envolent car la créativité a déserté l'esprit. Or, les fantasmes sont d'excellents supports de l'excitation.

Les journées fort remplies de la femme, entre le travail, la maison, les enfants, les courses, etc. peuvent agir sur la baisse de la libido à cause du surmenage.

Des priorités (accorder du temps à votre couple) et le partage des tâches permettent de diminuer les effets négatifs d'une vie trop chargée de contraintes. Le sexe en devient une supplémentaire si la femme se sent débordée et non soutenue par son mari !

Des signaux comportementaux

L'agressivité est à la fois innée et acquise. Véritable instinct de conservation, elle permet à l'homme de demeurer vivant lorsqu'il doit affronter une menace ou un obstacle. Si vous êtes attaqué, cette puissance interne de combativité va émerger de manière à vous défendre. L'expérience et les modèles sociaux renforcent ou affaiblissent l'agressivité.

Cette agressivité est salutaire dans une compétition sportive, dans la lutte contre la maladie, dans le besoin de s'affirmer... elle est assimilée au dynamisme. Elle s'apparente à de l'instinct maternel lorsqu'une mère protège ses enfants.

En revanche, l'agressivité est malsaine lorsqu'elle se manifeste contre un individu sans lien avec le stresseur et en position de faiblesse. C'est le cas d'un homme qui bat ses enfants ou sa femme, d'un lycéen qui tire mortellement sur ses camarades.

D'une forme différente, c'est l'adolescent qui exprime son agressivité envers tout représentant de l'autorité. Sa pulsion agressive (force inconsciente) se tourne vers la grossièreté, la marginalisation et la provocation. L'agressivité peut donc être verbale ou physique. Elle peut s'exercer sur soi (autodestruction) ou sur les autres. Pour s'exprimer, elle a besoin d'un exutoire. Après les attentats du 11 septembre où l'on a reproché à Georges W. Bush de ne pas avoir prévenu l'attentat, il a réagi par une détermination à envoyer l'armée américaine combattre en Irak.

L'agressivité est la conséquence d'émotions mal gérées. Notre ego s'établit à partir de ce qui nous est dû dans la vie et par les autres. Si bien que si nous n'obtenons pas ce que nous attendons, nous ressentons de la frustration, de la colère ou nous nous positionnons en victime. Les attentes jouent un rôle dans le stress en suscitant de l'impatience, de la peur, de l'insécurité. Si le résultat est négatif, il provoque colère, chagrin, désolation et sentiment d'infériorité… La peur est une émotion toxique lorsqu'elle provoque la panique et des comportements irrationnels.

Stress et addictions
La tension, la fatigue ou le découragement peuvent être tels qu'il arrive d'avoir besoin d'un remontant. Chacun a sa solution pour revigorer l'organisme : « la "pause café" ou "fumer une cigarette" détend, la cocaïne stimule, un apéritif récompense une matinée ou une journée de travail harassante… » Les bonnes raisons ne manquent pas pour consommer.

Progressivement l'organisme s'habitue. Avant de passer à table, vous ne prenez plus seulement un apéritif mais deux selon le principe que « si un verre vous fait du bien, deux verres multiplieront par deux les effets positifs ». Ce raisonnement est faux, vous êtes en réalité victime d'une certaine accoutumance. Plus vous buvez et plus vous résistez progressivement aux effets. C'est le phénomène de tolérance. Toutes ces substances procurent au début du plaisir et paraissent résoudre votre stress. Malheureusement, ce qui semblait être une solution va devenir rapidement un enfer. Vous ne pouvez plus vous passer du produit car vous en êtes devenu dépendant. Et cette dépendance va mettre en péril votre santé et/ou vos finances. Ce qui était au départ perçu comme un bien pour un mal vient s'ajouter à votre stresseur initial sans rien avoir résolu.

La réaction à un stresseur englobe à la fois la perception, l'interprétation, la réponse et l'adaptation. La perception et l'interprétation dépendent de la personnalité. Les réponses et l'adaptation sont à la fois de nature biologique, psychologique et comportementale. C'est dans la réponse comportementale que se place l'addiction ou la dépendance. Lorsque vous n'arrivez plus à contrôler votre envie de boire, de fumer, de vous droguer, de manger ou de jouer... vous êtes asservi à votre produit, c'est une perte de votre libre arbitre. Une addiction est une relation pathologique avec une substance ou un comportement (troubles alimentaires, pulsions d'achat, jeu...) qui conduit à un besoin compulsif de revivre l'expérience et ce quelles qu'en soient les conséquences négatives pour l'individu.

Les personnes alcoolo dépendantes, les fumeurs, les buveurs de café ou de thé (caféine), les drogués, les accros aux médicaments... augmentent leur consommation dans des situations anxiogènes de toute nature. C'est un réflexe compensatoire, un besoin impérieux voire obsessionnel avec l'impossibilité de s'arrêter. Elles deviennent dépendantes à la fois du produit et de l'expérience de satisfaction. Elles ont envie de reproduire, de revivre le plaisir procuré soit pour gommer le stresseur soit pour être plus performantes ou avoir plus d'assurance. Or, dans le temps, pour obtenir la même satisfaction et les mêmes effets réducteurs de stress, la personne dépendante doit augmenter régulièrement ses doses. Lorsqu'elle prend conscience des dégâts provoqués par son addiction et qu'elle veut réagir, elle est déjà prise au piège de la dépendance. Si bien que l'état de sevrage devient à son tour un stresseur qui la met dans un manque renforcé ou un désir accru de consommer. Une personne qui arrête de fumer par exemple va devenir irritable et ne supportera pas la présence de fumeurs à ses côtés.

C'est la raison pour laquelle, quelqu'un qui vient d'arrêter de fumer, de boire ou de se droguer soumise à un autre stresseur (comme des soucis d'argent, d'emploi, de deuil…) va réduire ses chances de succès de se libérer de sa dépendance.

L'addiction peut être centrée également sur des conduites : le jeu, l'hypersexualité, les achats compulsifs, les troubles alimentaires (boulimie, anorexie), le sport et Internet en excès, le travail (workaholics)…

La différence entre une conduite normale et pathologique peut paraître difficile à établir. À partir de quels critères devient-on dépendant ? Est-ce une question de temps passé ? De la difficulté à résister à sa passion ? Des sommes dépensées pour l'assouvir ?

Vous avez de fortes aptitudes à la dépendance lorsque la réponse à un stresseur devient systématiquement une réponse d'apport extérieur alors qu'il n'existe aucun lien de cause à effet entre les deux, que cela vous soulage et vous procure du plaisir, que vous ne puissiez pas vous en priver et qu'elle devient un surinvestissement au dépend d'autres activités et de la vie sociale. La dépendance s'impose à vous lorsque vous avez le sentiment que cette conduite vous pose problème (interdit bancaire, impossibilité de contrôle ou d'arrêt…), qu'elle vous prive de votre liberté et/ou que vous en souffrez.

L'achat compulsif: si après une critique, vous ressentez immédiatement le besoin d'aller acheter un vêtement par exemple, que vous ne puissiez pas résister à cette envie, que pendant l'acte d'achat vous vous sentez mieux, que cette acquisition n'est pas raisonnable en raison de votre découvert mais que vous passez outre, que vous devenez irritable si on vous en fait la remarque, vous êtes un acheteur compulsif. Le télé achat et Internet augmentent cette facilité à passer à l'acte. L'acheteur ne résiste pas à commander des objets inutiles ou déjà possédés en plusieurs exemplaires. Cette pulsion d'achat irraisonnée et irraisonnable est un signe de dépendance.

La techno-addiction: jeux informatiques, consoles de jeux, télévision ou Internet peuvent être également un refuge pour stressés. Devant l'écran, plus rien n'existe (stratégie d'évitement). Une fois rentré chez vous, vous ne résistez pas à démarrer votre ordinateur, vous ressentez toutes vos tensions s'envoler dans votre partie préférée ou en surfant sur Internet, vous pouvez rester des heures sur un forum de discussions ou sur l'un de vos sites préférés sans voir le temps s'écouler, délaissant progressivement les contacts réels au profit des contacts virtuels. Si vous êtes dérangé dans votre univers, panne d'ordinateur ou visite impromptue, vous ressentez de l'agressivité à l'égard de l'intrus et de la colère pour le fournisseur. Cette passion démesurée est devenue le centre de votre existence au détriment d'autres investissements comme celui de vivre votre vie dans la réalité. C'est le cas d'un étudiant cyberdépendant qui ne va plus en cours, reste enfermé dans sa chambre, n'a plus de liens amicaux ou affectifs et met en danger sa réussite scolaire. C'est celui du boursicoteur on-line qui ne fait plus la différence entre un jeu et la réalité financière de la bourse.

Le petit écran devient une alternative à la frustration et à la réalité triste ou ennuyeuse. La personne va vivre de merveilleuses histoires d'amour par héros interposés, va vibrer pour un club sportif, va s'identifier à des gens et à leur histoire (télé réalité) ou se passionner pour des pays lointains qu'elle ne visitera pas.

L'addiction c'est aussi celle du joueur qui après avoir perdu sa mise tente de se refaire, dissimule les pertes à sa famille, met en danger la sécurité de celle-ci en jouant tout ce qu'il possède… C'est encore le sportif qui trouve une échappatoire dans l'effort intensif, en dépit de la maladie ou des contre-indications médicales. Il ressent une euphorie et une sensation de transcendance semblable à celle des drogués grâce à la libération d'endomorphines « hormones du bonheur » sécrétées par le corps qui joue un rôle dans l'inhibition de la douleur. Par le dépassement de soi grâce à ses capacités physiques et de résistance, le sportif améliore l'estime de soi. Par le développement de sa musculature, le *body builder* éprouve une satisfaction narcissique qui compense le manque d'amour qu'il se porte. La vie quotidienne de ces accros à l'exercice physique est entièrement tournée vers le sport (alimentation, habillement, revues spécialisées…) et l'entraînement devient un véritable rituel.

Le stress peut provoquer des modifications dans le comportement alimentaire. On a observé que les personnes qui suivaient un régime l'abandonnaient en cas de stress et que les personnes qui ne surveillaient pas leur poids mangeaient moins. Le régime implique un contrôle de la qualité et des quantités des aliments absorbés. Tout stresseur démobilise les ressources consacrées à cet autocontrôle.

La sensation de faim, en partie instinctive, permet à l'homme d'assurer sa survie en se nourrissant. La satiété, sensation d'être rassasié, signale que ce besoin est satisfait. Il est important de repérer les situations et les émotions qui incitent à manger afin de mettre en place des stratégies de diversion.

Connaître un désordre alimentaire est bien plus dangereux pour sa santé que de suivre un régime et de s'en écarter. Les troubles de comportements alimentaires sont révélateurs de problèmes psychologiques, ils expriment un mal-être qui n'est pas relié directement à l'alimentation et deviennent de véritables addictions. Ils touchent davantage le sexe féminin que masculin. Une image de soi défaillante ajoutée à un stresseur et à une société obsédée par la minceur peuvent provoquer de l'anorexie mentale. Cette maladie très grave affecte surtout les jeunes filles. Elle est basée sur l'autocontrôle alimentaire, la volonté, une grande activité intellectuelle et physique qui permettent aux malades de compenser le manque de contrôle sur leurs émotions. Reprendre du poids est synonyme d'échec car si les anorexiques ne maîtrisent plus leurs poids, elles ne contrôlent plus rien. De plus, elles ont peur en mangeant de devenir boulimiques. L'anorexie mentale se traduit par un poids très inférieur à la moyenne alors que l'anorexique se trouve grosse (altération de la perception corporelle), des carences nutritionnelles avec des déficiences en calcium et potassium et une aménorrhée (absence de règles).

Les personnes boulimiques ont des pulsions incontrôlables qui les poussent à manger avec voracité en très peu de temps des aliments non choisis dans une quantité excessive pour combler inconsciemment le vide intérieur, une détresse affective, une angoisse ou une dépression latente. Après ces épisodes de goinfrerie, elles éprouvent de la honte, du mépris pour elles-mêmes et peuvent se faire vomir, utiliser des laxatifs, des diurétiques ou pratiquer du sport intensivement. Ces crises de boulimie surviennent au moins deux fois par semaine. Elles ont une image de soi détériorée, un sentiment de perte de contrôle par rapport à la nourriture et vivent en secret leur maladie. Contrairement aux idées répandues, la boulimique n'est pas forcément obèse (seulement 30 % des boulimiques), ce qui fait que la maladie peut passer inaperçue. Le vide affectif se comble par un plein alimentaire.

L'addiction sexuelle regroupe des comportements sexuels compulsifs semblables aux comportements précédents : la fréquence (rapports sexuels nombreux, masturbation compulsive), l'obsession omniprésente (films, revues, sites pornographiques), l'investissement total au détriment de relations amoureuses stables et satisfaisantes.

L'addiction au travail ou ergomanie ou workaholism (par analogie à l'alcoolisme) se caractérise par un surinvestissement professionnel au détriment des relations familiales, amicales et des loisirs. L'individu est passionné par son travail, déborde d'une énergie immense, a des tendances perfectionnistes et a le sentiment d'être à la fois débordé et irremplaçable. Il se tue au travail pour éviter d'avoir à affronter ses stresseurs et recherche une valorisation à travers sa fonction professionnelle. Le travail devient obsessionnel et occupe ses pensées constamment. Sa famille lui reproche son manque d'investissement familial et en souffre car lorsqu'il est enfin présent physiquement, il semble absent, ailleurs et indisponible. Cette addiction affecte les classes moyennes et supérieures. Elle est alimentée par une pression intérieure qui pousse l'individu à se sentir mal lorsqu'il n'est pas en train de travailler. Les causes de l'ergomanie sont différentes et peuvent provenir soit :

– d'une mauvaise image de soi ;
– de l'envie de réussite professionnelle ;
– d'une fuite des problèmes personnels ou familiaux ;
– du besoin de contrôler sa vie ;
– d'une revanche sociale (milieu défavorisé).

À l'âge de la retraite, si ces personnes ont un métier indépendant (commerçant, chef d'entreprise ou profession libérale), elles sont incapables de décrocher. Pour les autres, la retraite est un stresseur extrêmement marquant.

La dépendance affective ou la codépendance se distingue de l'amour par la possession de l'autre pour qu'il assure votre sentiment d'exister, par la douleur qu'engendre l'absence ou un simple éloignement, par des sentiments négatifs éprouvés par peur de perdre l'autre au lieu de ressentir tout simplement le bonheur d'aimer. Cet attachement devient une assuétude. Ces personnes ont soif d'amour, une soif incommensurable qui sert à combler des manques et une impuissance à l'autonomie. Ce n'est pas la demande d'amour qui pose problème, c'est la manière d'aimer. L'amour est partage alors que l'assujetti affectif est dans le chantage : il se sacrifie, se renie en espérant que son dévouement lui apportera une certaine valeur aux yeux de l'autre et exige en échange des preuves continuelles d'amour de la part de l'être aimé. Sa croyance : « il faut plaire pour être aimé ». Sa peur : celle d'être abandonné. Parce qu'il ne s'aime pas suffisamment, qu'il ne se sent pas à la hauteur, il demande à l'autre de l'aimer à sa place et de le valoriser. Parce que l'angoisse remplace l'amour dans son cœur, il quémande sans cesse à son partenaire des signes qui le rassurent. C'est cette approche de l'amour qui doit être rectifiée car l'amour est inconditionnel, c'est-à-dire sans conditions. Dans la durée, ce type de relations lasse le partenaire qui se sent continuellement harcelé. Son amour ne contente jamais assez l'autre et pour cause, il sert à combler un état d'insécurité permanente. Ce qui n'est en aucun cas le rôle de l'amour. Si la personne dépendante ne prend pas conscience de son mode de fonctionnement, elle risque de répéter des échecs successifs dans ses expériences affectives ce qui la fragilise encore plus et la rend encore plus dépendante.

Ces multiples pratiques addictives ont en commun d'être toutes des réponses inadaptées au stress.

Chapitre 3

IDENTIFIER LES CAUSES DU STRESS

Le stress post-traumatique

Les stresseurs comme les catastrophes naturelles (tremblement de terre, tsunami, incendie, inondation, cyclone…), les attentats, les guerres, le terrorisme, les accidents d'avion, explosion de gaz, hold-up, etc. peuvent être collectifs ou individuels : agression physique, viol, vol, accident de la route, prise en otage, maltraitance, violence conjugale…

Ils ont en commun que la personne a été exposée, a été témoin ou a été confrontée à des événements qui ont impliqué la mort ou une menace pour sa vie ou son intégrité physique (réelle ou vécue comme telle) ou des blessures graves pour elle ou pour autrui. Elle a ressenti une peur intense, une immense détresse ou de l'horreur. Cette expérience se situe en dehors de ses expériences habituelles. Le traumatisme vécu représente une rupture totale avec le monde tel qu'elle le voyait avant l'événement traumatique. Désormais le monde est devenu dangereux. Le traumatisme modifie les croyances et les attitudes. On parle de stress traumatique lorsque l'événement vécu entraîne dans le temps une altération du fonctionnement social, professionnel ou dans d'autres domaines.

Au moment de l'événement, la personne en état de stress aigu peut avoir une réponse psychomotrice qui mène soit à l'action: fuir, se défendre, soit à l'inhibition: être prise de paralysie. Ces deux réactions au stress sont normales, mais peuvent culpabiliser les victimes qui s'en veulent d'avoir survécu, de ne pas avoir sauvé des gens qui ont péri, de ne pas avoir réagi tel qu'elles auraient aimé le faire… C'est aussi le cas des victimes de viol qui n'ont pas pu s'échapper ou se défendre. Elles ne doivent jamais se rendre coupables de ne pas avoir fui et ne doivent pas se juger consentantes. Le coupable est le violeur, pas la victime.

Ce qui caractérise le stress post-traumatique est qu'une fois que l'événement est fini, la victime va présenter des troubles soit par:

– *La persistance du souvenir et les reviviscences:* sous la forme de *flash back* répétés, images, odeurs, bruits de la scène reviennent à son esprit soit sans support mnémotechnique soit provoqués par des stimuli extérieurs semblables. La nuit n'apporte aucun soulagement car la victime revit la scène dans des cauchemars récurrents lorsqu'elle arrive à trouver le sommeil. Elle ressent de la détresse aux dates d'anniversaire, à une journée enneigée si l'événement a eu lieu alors qu'il neigeait…

– *L'évitement:* elle va chercher à éviter tout ce qui peut lui rappeler le traumatisme: ne pas se rendre sur les lieux, ne pas rencontrer les autres victimes, refuser d'en parler, prendre soin de ne pas y penser et progressivement va réduire ses champs d'action (ne plus se promener si le traumatisme a eu lieu dans la rue) et relationnels (ne plus voir personne pour ne pas avoir à en discuter).

– *L'hyper vigilance et la suractivation physiologique:* la personne va vivre en permanence sur le qui-vive comme si elle était encore menacée par le stresseur et n'arrive plus à se détendre. Elle va avoir de fausses alarmes avec des crises de panique, va être irritable et angoissée. Cet état l'empêche de se concentrer et de trouver le sommeil.

– *Le désinvestissement:* inconsciemment la personne va dissocier l'événement de la réalité et sera incapable de se rappeler des aspects importants (scènes de tortures pendant la guerre). Elle réduit ses centres d'intérêt et a des difficultés à ressentir et donc à exprimer des sentiments. Elle se sent de plus en plus détachée de tout et présente un engourdissement émotif.

Alors que l'entourage tente comme il peut d'encourager la victime de stress post-traumatique par «il faut savoir oublier, c'est le passé, songe plutôt à l'avenir», elle se renferme de plus en plus avec l'impression que personne ne la comprend, emmurée dans sa honte de ne pas avoir su prévoir, de se sentir coupable, de n'être pas assez forte... Lorsque les symptômes perdurent plusieurs mois après le traumatisme, les victimes courent le risque de rechercher l'oubli dans des substances psychotropes... d'être habitées par un certain vide intérieur, une vision de leur vie sans avenir, un sentiment de différence par rapport aux autres.

Aujourd'hui, il existe des cellules d'interventions qui permettent la mise en paroles immédiate de l'émotion et l'écoute empathique. Bien que ces interventions soient utiles, elles doivent être suivies d'une prise en charge sur un plus long terme. En effet, la victime a longtemps besoin de tout contrôler pour se sentir en sécurité et devient incapable de vivre comme avant. En libérant ses souvenirs, ses émotions, en étant écoutée sans jugement par des membres d'une association concernée (femmes battues ou violées, victimes d'attentat, victimes de la route...) ou par un thérapeute, la victime apprendra à affronter ses peurs et à transformer ses croyances négatives en confiance.

Les événements heureux et malheureux, sources de changement

D'une manière naturelle, on a plutôt tendance à imaginer que seuls des événements malheureux sont à l'origine du stress. Or, le mariage, la grossesse, la naissance, une promotion professionnelle... peuvent être des stresseurs. La joie ressentie, l'amour, la fierté peuvent provoquer une certaine fébrilité.

Le stress n'est pas dû à la nature de l'événement, heureux ou malheureux, mais à l'intensité ressentie lors du changement. Vivre à deux, être enceinte, fonder une famille, progresser dans la hiérarchie… impliquent de nombreux aménagements dans les habitudes et nécessitent une certaine adaptation. Préparer une fête comme un mariage nécessite une grande énergie. Sachez tirer profit du stress pour tout planifier dans les moindres détails et le faire avec exaltation !

Les facteurs de changement même positifs peuvent engendrer parallèlement de l'inquiétude, de la peur et de l'impatience car ce n'est pas l'événement qui compte mais le regard que l'on porte sur lui. Une situation heureuse peut se transformer en une situation stressante parce que vous êtes débordé (cumul d'activités et arrivée d'un premier enfant), dépassé (manque d'informations), envahi par des croyances négatives (« je n'y arriverai pas »)…

La peur est une émotion subjective d'anticipation qui prend racine dans la perception de l'événement. Ainsi, le fait d'imaginer ce qui pourrait se produire de négatif déclenche cette émotion. L'inquiétude s'alimente également dans l'imaginaire. Les interrogations intérieures sous-jacentes à ce bonheur ressemblent à ces formulations intérieures : « Mon mariage va-t-il durer dans le temps ? », « Serai-je à la hauteur dans mon nouveau job ? », « Mon bébé sera-t-il normal ? », « Serai-je une bonne mère ? »…

Vos émotions traduisent que vous êtes atteint par l'événement et vous renvoient à votre vécu. Ainsi si vos parents ont divorcé et que vous en avez souffert, votre mariage peut prendre une valeur surdimensionnée, à vos yeux.

L'honneur d'être sélectionné dans l'équipe nationale, de football par exemple, peut faire naître un stress démesuré. La pression multiple peut déstabiliser le sportif non préparé mentalement : il ne doit décevoir ni le sélectionneur ni le public, son jeu doit être à la hauteur de l'équipe, les médias peuvent faire ou défaire une opportunité de carrière, parallèlement l'enjeu financier que représentent les sponsors et les contrats de publicité s'ajoute à la tension. La seule manière de dépasser ce stress est de jouer pour le plaisir et non pour les autres.

Les événements négatifs qui produisent du stress à long terme comme le deuil, les ruptures, la maladie, le licenciement font subir un tel choc qu'ils affectent votre joie de vivre. La nouvelle provoque un état de sidération. Vous n'arrivez pas à y croire.

Puis, la douleur surgit. Tout s'effondre. Vous êtes anéanti. Vous perdez de l'intérêt pour les tâches quotidiennes et la tristesse vous envahit au point de vous faire perdre le sommeil et l'appétit. Accompagnant la tristesse ou lui succédant, la colère et un sentiment d'injustice vous submergent « Pourquoi moi ? Pourquoi suis-je malade ? Pourquoi suis-je licencié ? Pourquoi m'a-t-il quitté... » L'adaptation requiert l'expression des émotions, la modification des habitudes entre l'avant et l'après et également du temps avant de se reconstruire.

Faire le deuil est difficile car il faut passer par de nombreux processus émotionnels et psychologiques avant de tendre vers la réparation. La mort d'un être aimé est une source de grande souffrance, de tristesse et un facteur de déséquilibre physique (épuisement, déchirement intérieur), psychologique (afflux de pensées), affectif (flot d'émotions et de sentiments) et comportemental (pleurs, refus de quitter le corps...). Le deuil est considéré parmi les éléments de vie comme le plus stressant, notamment le décès du conjoint ou d'un enfant. De plus, la mort de l'autre renvoie à l'idée de sa propre mort.

Chacun évolue à sa manière même s'il existe des étapes connues au cours du processus de deuil : la phase initiale se caractérise par l'état de stupéfaction et d'incrédulité. Elle dure de quelques heures à quelques jours. La réalité de la mort n'est pas immédiate car elle est porteuse du constat d'une séparation irréversible. La personne sous le choc n'exprime pas d'émotions. Elle a l'impression d'être vidée et assommée. Après le choc initial, l'abattement et la prostration sont fréquents. L'événement peut être nié : l'endeuillé essaie de ne pas y penser en s'activant par exemple.

La phase centrale, dite de dépression et de repli est la période aiguë du deuil. Elle se caractérise par un état émotionnel semblable à la dépression dans laquelle la colère et la culpabilité peuvent être une réponse à la perte subie. L'endeuillé s'apitoie sur lui-même, dans un sentiment d'abandon. Hormis sa peine, il se désintéresse de tout (tenue négligée, ne s'alimente pas…). Il est en état de retrait social et professionnel.

Les souvenirs et l'expression des émotions vont permettre progressivement d'intégrer la mort de la personne et de retourner vers la vie normale. C'est le signe de la fin du deuil et de l'acceptation. La personne est consciente d'un retour à un mieux-être et une nouvelle relation plus paisible s'installe avec le défunt. La durée pour faire son deuil est différente d'un individu à un autre. Elle varie de quelques semaines à plusieurs années.

Jadis, en portant du noir pour les femmes ou en épinglant un tissu noir pour les hommes, on affichait sa peine et les autres s'en affectaient en faisant preuve d'empathie. On mourait chez soi et il existait tout un rituel autour de la mort (toilette du mort et mise de beaux habits, miroirs recouverts, arrêt des pendules, veillée funéraire). Il existait un rôle social de l'endeuillé (offices religieux, période de condoléances, repas familial au cours duquel on évoquait le mort). Aujourd'hui, la mort est discrète. La plupart des décès ont lieu en institutions (hôpitaux, cliniques, maisons de retraite) et les morts sont confiés à des professionnels (pompes funèbres, morgue). Les rites liés à la mort se sont simplifiés alors qu'ils avaient pour but de sécuriser les hommes dans leur devenir et d'être un véritable soutien dans les moments de désarroi. L'espérance de vie augmente grâce à une meilleure hygiène de vie et aux progrès de la médecine. Elle a pour effet de retarder les expériences de deuil et de nous rendre plus vulnérables lorsque la mort surgit. L'expérience de deuil démontre, comme si cela était nécessaire, que la vie a naturellement un terme, conception que la société semble évacuer en faisant de la mort un concept asocial. Freud disait que « nous ne savons renoncer à rien ». La mort semble être l'échec ultime de l'humanité.

La mort normale est associée dans les esprits à la vieillesse selon une chronologie où les parents meurent avant leurs enfants. Les deuils les plus durs à vivre sont ceux que l'on n'admet pas, comme :
– le deuil d'un enfant : il ne suit pas l'ordre logique des choses, il touche viscéralement dans sa propre chair ;
– le suicide : on se sent responsable de n'avoir rien vu, de n'avoir rien fait ;
– les circonstances tragiques (assassinat, accident de voiture) : elles sont ressenties comme une injustice ;
– la disparition d'un proche : impossible pour la famille de ne pas chercher à élucider les circonstances de sa disparition et d'espérer son retour.

Les populations à risque sont les veufs, les enfants et les adolescents, les personnes présentant des antécédents psychiatriques ou ayant vécu des deuils successifs. Le deuil peut favoriser l'apparition de troubles anxieux chez les jeunes femmes qui présentent un deuil non résolu et qui ne bénéficient pas d'un soutien social.

Le *licenciement collectif ou individuel* déstabilise et prive l'individu de plans d'avenir, d'un réseau social entre collègues et de son besoin de sécurité. Il remet en cause l'équilibre familial et social. Lorsqu'une entreprise procède à des licenciements collectifs, le temps qui s'écoule entre l'annonce et le licenciement effectif est une période très difficile à vivre. L'incertitude et l'atmosphère intenable pèsent lourdement sur les salariés en attente de la décision.

Selon la personnalité de l'individu, le licenciement peut être vécu comme un véritable anéantissement, un stress post-traumatique. Il faut faire son deuil, tourner la page pour certains, pour d'autres entamer une procédure judiciaire. Tout licenciement est mortifiant. Le parcours pour retrouver du travail est lui aussi éprouvant. Il faut parfois accepter de changer de région, de subir une perte de salaire ou d'occuper un poste subalterne. Chaque demande ou entretien d'embauche qui se solde par un échec altère l'image de soi et augmente la peur du lendemain. Les raisons évoquées ou sous-entendues remettent en cause l'individu : le chômeur s'entend dire qu'à quarante-cinq ans, il est trop vieux, qu'il manque de compétences, de formation, d'expérience, que sa fidélité à l'entreprise précédente est un handicap... Le doute s'installe, la dignité est entachée et le moral décline. Lorsque la période de chômage s'éternise et que l'on devient un chômeur de longue durée, le sentiment d'exclusion s'installe tandis que le regard des autres laisse percevoir leur scepticisme sur l'efficacité de la recherche d'emploi. Rapidement, le chômeur a le sentiment que les travailleurs le classent dans la catégorie des tirs au flanc. Privé de travail, il faut soutenir aussi le regard de son conjoint, celui des enfants et le mépris des actifs. Les soucis financiers finissent d'entamer le moral déjà affecté : « Comment vais-je faire face aux différentes charges, payer mon loyer ou les remboursements de la maison, de la voiture, la cantine des enfants… ? » Plus le temps passe et plus forte est l'angoisse. L'irritabilité gagne le chômeur et progressivement, envahi par la honte, il ne veut plus voir personne. Toutes les fêtes deviennent des jours de douleur et de frustration, les vacances aussi. Les plus chanceux peuvent connaître des périodes de rémission en enchaînant des contrats à durée déterminée ou des postes intérimaires mais ce n'est qu'un emplâtre sur une jambe de bois. À la fin de chaque contrat, il faut reprendre le parcours du combattant. Dans cette recherche d'emploi, vient se rajouter de la discrimination (raciste, sexiste, emploi des seniors et des handicapés, des malades du sida…) La perte d'un emploi met en jeu la place occupée dans la société, le lien social et l'image de soi, c'est en cela qu'elle est si traumatisante.

Tous les événements négatifs n'ont pas la même répercussion chez tous les êtres humains. L'individu peut ne pas souffrir d'un licenciement s'il pense qu'il a la possibilité d'y faire face ou s'il perçoit une issue favorable : par exemple, avec les indemnités de licenciement créer son entreprise. La personne peut vivre le deuil d'un parent tyrannique comme une libération. Après un stress post-traumatique, la victime peut trouver un sens à son existence en s'investissant dans une association et en aidant d'autres victimes. Un gagnant du loto peut voir ses relations amicales et familiales se détériorer par jalousie. Un candidat élu aux élections peut ne pas supporter la pression exercée par l'opposition après sa victoire…

Ce n'est pas la nature de l'événement, heureux ou malheureux, qui va jouer sur votre niveau de stress mais la manière dont vous allez le vivre. Si vous donnez un sens positif à ce qui vous arrive, vous ne serez pas soumis au stresseur.

L'annonce d'une maladie comme le cancer, le sida, la sclérose en plaques… provoque un choc similaire à celle d'un décès et induit les mêmes phases de réaction. C'est la raison pour laquelle, il est indispensable que le patient reçoive l'information sur sa maladie et les traitements thérapeutiques, sur les bénéfices attendus, tout en étant orienté vers d'autres services : service social, psychologue ou psychiatre, associations d'entraide… même si les plus sceptiques pensent qu'une mauvaise nouvelle reste une mauvaise nouvelle. La famille n'échappe pas à cet effet d'annonce car le mot cancer évoque douleurs, dégradation et mort. Le pronostic vital est le souci principal du patient : « Ai-je une chance de m'en sortir ? » Toutes les préoccupations quotidiennes (travail, enfants…) viennent à leur tour augmenter l'angoisse. « Vais-je perdre mon travail ? Si je meurs, que vont devenir mes enfants ? »

Les interventions chirurgicales comme la mammectomie peuvent être stressantes pour la femme et pour son conjoint. Le sein est à la fois symbole de vie et zone érogène, son ablation peut signifier la perte de la féminité. L'impuissance qui peut être liée à un cancer de la prostate entraîne les mêmes effets psychologiques chez l'homme. Cette dégradation de l'organisme devient un stresseur supplémentaire qui vient s'ajouter à celui de la peur de la rechute.

C'est à la lecture de ses analyses que le patient apprend qu'il est séropositif ou malade du sida soit à cause d'un comportement à risque (seringue usagée ou rapports sexuels non protégés), soit lors du mariage ou d'une grossesse. Cette annonce brutale provoque là encore un choc terrible accompagné d'angoisses, de dépression et d'isolement. La passivité et la résignation peuvent s'installer durablement et nécessiter un traitement psychiatrique. Si l'on mourait à coup sûr dans les années 80, ce n'est plus le cas aujourd'hui. Il n'en demeure pas moins que, malgré les progrès thérapeutiques, les malades du sida connaissent une altération de leurs conditions de vie (professionnel, financier, invalidité…) et des effets induits des traitements. L'incertitude de leur avenir affecte leur vie et les prive de tout projet. La rupture du partenaire augmente encore l'isolement. Des études cliniques ont montré l'existence d'un lien entre sida et fragilité psychologique (renforcée par des conduites addictives). Chez les drogués, la probabilité de suicide est élevée. La plupart des malades sont soumis en plus à de fortes pressions : exclusion sociale et professionnelle. Cette exclusion sociale et les perspectives d'avenir limitées retentissent fortement sur le psychisme des malades, générant angoisse et dépression. La colère et un sentiment d'injustice animent les hémophiles qui ne comprennent pas qu'une transfusion censée leur sauver la vie est venue les contaminer. Le fait que cette maladie soit d'origine sexuelle apporte une connotation encore plus négative de la part des bien-portants. Dans le cas de rapports sexuels, vient s'ajouter la peur de contaminer son partenaire ou la suspicion d'infidélité. Pour les hétérosexuels, la peur de transmettre le sida lors de la grossesse, les prive de construire une famille. Pour les homophobes, le sida est la preuve de la contre-nature de l'homosexualité.

Dans les pays d'Afrique, la maladie enfonce davantage les familles démunies dans la pauvreté et laisse des enfants orphelins. Chez ces jeunes, les craintes pour leur propre avenir sont considérables et d'autant plus que leurs parents n'ont pas pu finir de leur transmettre leurs expériences, leur savoir-faire et leur culture.

Il n'est pas facile pour quelqu'un atteint d'une maladie très grave de garder sérénité et confiance dans la vie. La personne doit à la fois suivre des traitements lourds et douloureux et gérer des émotions intenses dont elle n'a pas l'habitude.

Le vide affectif, la mésentente familiale

Les relations parents-enfants sont déterminantes dans la construction de la personnalité de l'enfant et son développement affectif. La famille est l'un des principaux lieux de protection et de soutien dans lequel l'enfant apprend les comportements sociaux et affectifs. Un environnement insécurisant précoce constitue un facteur d'amplification de stress ultérieur. Le conflit intra-familial ne permet pas à l'enfant de s'identifier positivement aux adultes et de se projeter avec enthousiasme dans l'avenir. Il expérimente très tôt les dangers et cherche en lui, sans en avoir les ressources, le moyen de les affronter seul. Souvent témoins des disputes ou de violence conjugale (verbale ou physique), les enfants souffrent de la situation.

L'enfant peut être aussi victime de maltraitance. Il présente un corps chétif, le regard triste et modère ses mouvements de peur d'être frappé ou puni. Ses maux se traduisent par un mal au ventre, mal à la tête, asthme, et éruptions cutanées. Il connaît des troubles du sommeil: peur d'aller se coucher, peur du noir, cauchemars... Le stress associé à la maltraitance peut conduire à des problèmes de régulation des émotions et provoquer des comportements violents.

Le divorce de ses parents est vécu par l'enfant comme un stress post-traumatique. L'enfant perd ses repères fixes et doit vivre dans deux mondes différents (celui de papa et celui de maman), aux styles de vie et aux normes éducatives parfois contradictoires. Cette vie morcelée peut entraîner un sentiment d'insécurité. L'enfant vit dans l'instant et l'instabilité. Il se sent perdu, tiraillé et expérimente le vide affectif avec le parent maternant lorsqu'il doit le quitter pour aller chez l'autre.

Il peut présenter:
– des troubles psycho-affectifs: repli sur soi (regard vide), variation de l'humeur (tristesse, colère, agressivité ou apathie), angoisse d'abandon;
– des difficultés dans les apprentissages: manque de concentration, d'attention, régression (langage, propreté...);
– des comportements nouveaux: désobéissance, refus d'être câliné, automutilation (se ronger les ongles, s'arracher les cheveux, se taper contre les murs...).

Des études statistiques ont établi que la monoparentalité défavorise les enfants (mortalité plus élevée à l'adolescence, troubles psychologiques plus nombreux), la principale cause étant due à la faiblesse des ressources. Les adultes qui vivent dans la pauvreté éprouvent des niveaux de stress élevés ce qui diminue leur capacité de protection et de sécurité envers leurs enfants.

Les jeunes enfants soumis à un stress prolongé peuvent développer :
– des troubles de la mémoire ;
– des problèmes de croissance ;
– des maladies récurrentes : rhinites, rhino-pharyngites, bronchites ;
– des pathologies gastro-intestinales ;
– une résistance plus faible aux maladies infectieuses.

La souffrance résulte aussi bien du passé que de l'impossibilité d'exister au présent. Ne pas se sentir aimé peut être vécu comme une véritable altération du bien-être. Chacun a besoin d'être écouté, entendu, reconnu, respecté et compris. La solitude forcée et le manque d'amour, d'amitié et de liens sociaux peuvent engendrer une détresse psychologique. L'origine peut être due à l'isolement émotionnel : la personne vit sans attachement (pas d'amoureux), sans confident (pas d'amis) ou isolée (sans réseau social). Si la solitude voulue est une démarche intérieure, la solitude subie est une véritable épreuve de la vie car chaque individu est un être en relation. Elle condamne le solitaire à vivre en état de manque, de non-communication, de non-accomplissement. C'est le vécu difficile des immigrés, des prisonniers, des personnes âgées, des patients hospitalisés…

La vie professionnelle

Au sein de l'entreprise, le stress a une valeur positive. Il est symbole de motivation, d'investissement personnel, d'évolution et d'innovation. Dans cet esprit, avouer son stress négativement est une déclaration de faiblesse, si bien que le stress professionnel reste un sujet tabou alors que de plus en plus de travailleurs ressentent des symptômes d'épuisement ou burnout. Le burnout est un syndrome psychologique qui se traduit par un état de fatigue émotionnel chronique, un désengagement professionnel et une perte d'efficacité au travail. La personne devient plus irritable et présente les mêmes symptômes qu'une dépression.

Chaque métier comporte ses particularités et ses stresseurs. Certaines professions semblent plus touchées que d'autres par le burnout : les policiers, les convoyeurs de fonds, les gardiens de prison, les professions médicales, les pilotes d'avion, les chauffeurs d'autobus, les enseignants… Contrairement aux idées reçues, le stress n'augmente pas avec le niveau de hiérarchie.

Le *burnout* a des origines très diverses, à la fois organisationnelles, sociales (causes externes) et personnelles (causes internes) :
– la charge de travail : la surcharge de travail en un temps limité (journalistes, tâcherons…) ou la charge insuffisante comme les vigiles ;
– la course aux résultats ou au chiffre d'affaires mettent les commerciaux sous pression ;
– le rythme : intense ou faible, sensation de travailler dans l'urgence ou de ne pas avoir assez de clients (pour les commerçants) ;

– la variabilité de la tâche : aucune (travail à la chaîne) ou beaucoup ;
– le sens qui investit le poste (rôle social, éducatif, soignant…) ou à l'inverse le sentiment d'être inutile ;
– la sur-qualification (avoir trop de diplômes pour le poste occupé) donne un sentiment de frustration ;
– la sous-qualification (juger ne pas avoir les compétences pour le poste occupé) peut développer un sentiment d'incompétence et de sous-évaluation ;
– l'autonomie et le niveau de responsabilité : ne pas pouvoir prendre des décisions soi-même, avoir très peu de liberté, ne pas avoir d'influence sur le déroulement du travail ne permet pas l'accomplissement de soi au travail ;
– le syndrome « du survivant » : ressenti par ceux qui restent après une vague de licenciements collectifs à cause du traumatisme vécu et du surcroît de travail ;
– le travail dans un flux d'ordres contradictoires, ou d'interruptions permanentes ;
– le déséquilibre entre les efforts fournis par le salarié et sa rémunération ;
– la durée du travail, demande accrue d'heures supplémentaires ou au contraire pas assez d'heures de travail comme le temps partiel imposé ;
– le faible niveau de formation initiale et de compétences avec aucune chance de promotion, aucune formation continue ;
– l'insécurité de l'emploi ;
– les difficultés relationnelles entre collègues, avec la hiérarchie ;
– le harcèlement ;
– les conflits ;

– les fusions, les restructurations, les menaces de délocalisation, les licenciements collectifs... pèsent sur l'avenir des salariés ;
– la solitude dans l'entreprise : le chef d'entreprise, le directeur des ressources humaines ou d'une manière générale, les responsables hiérarchiques se sentent isolés ;
– l'environnement : le bruit, la température, la qualité de l'air... sont préjudiciables à la santé des salariés ;
– les défauts personnels : le perfectionnisme mène la personne à se noyer dans les détails, la faible estime de soi pousse l'individu à ne pas refuser une tâche de peur de déplaire, le « sauveur » qui veut tout prendre à sa charge et s'oublie en cours de route... ;
– la confrontation avec l'agressivité du public (dans l'administration, dans les agences d'intérim, les chauffeurs de bus, les policiers...) ou les familles (établissements de santé et maisons de retraite).

Derrière la réussite professionnelle se cache le rêve du confort matériel et du prestige social. Au départ, doté d'une forte ambition, l'individu met toute son énergie dans son travail, parfois au détriment de lui-même et de sa vie familiale. L'épuisement professionnel s'installe insidieusement à partir du moment où la personne vit une désillusion entre ses attentes de réalisation par le travail et la réalité. Ses efforts ne sont pas récompensés à la hauteur de ses espérances. Elle se sent à la fois coincée, insatisfaite de sa rémunération et de sa carrière. C'est aussi le cas, des individus investis totalement dans leur travail, tant et si bien qu'ils n'ont pas tenu compte de leurs limites et ont sacrifié leur bien-être à la réussite professionnelle. Jusqu'au jour où ces travailleurs acharnés sont déçus, ne se sentent pas reconnus ou suffisamment gratifiés. Ils se rendent alors sur leur lieu de travail avec effort et perdent graduellement tout intérêt pour leur job. Un matin, ils éprouvent un profond découragement et ne se voient pas capables d'aller travailler. Ils sont vidés de leur énergie, démotivés, hyperémotifs, seuls et méfiants envers les autres. Ils ont perdu le sens de l'accomplissement de soi au travail.

Là encore, il faut se garder de la généralisation. Dans les professions médicales ou paramédicales, l'épuisement professionnel va modifier le rapport au patient, l'aspect technique va remplacer la relation d'aide. On va assister à une déshumanisation de la relation à l'autre, manière de faire du soin sans y « laisser sa peau ». D'autres, subissant le même stress, vont paradoxalement ne plus quitter leur travail, présentant un présentéisme paradoxal.

Les causes du *burnout* sont donc à la fois sociales, environnementales et personnelles. Ainsi l'impossibilité d'influer sur son travail par manque de compétences ou d'assurance peut développer un sentiment d'impuissance aussi fort que celui ressenti par une personnalité expérimentée et combative qui n'obtient pas ce qu'elle souhaite (poste ou rémunération).

Les symptômes sont à la fois une fatigue physique (fatigue généralisée, tensions musculaires, troubles du sommeil…), fatigue émotionnelle (sensibilité exacerbée, perte de confiance, cynisme, désespoir, irritabilité…) et une fatigue mentale (perte de mémoire, difficultés de jugement, indécision, sentiment d'infériorité, d'incapacité…).

Le harcèlement

Le harcèlement moral est une violence perverse et quotidienne qui vise à entamer l'estime de soi par l'humiliation.

Les agissements répétés de harcèlement moral à travers les gestes, les mesquineries, les insultes, le chantage ou les menaces ont pour effet de porter atteinte à l'individu dans ses droits, dans sa dignité et d'altérer sa santé. Le harceleur peut utiliser une autre stratégie en n'adressant pas la parole à la victime, en l'ignorant ou en l'isolant des autres. Le silence et « la mise au placard » sont aussi qualifiés de harcèlement moral.

Le harcèlement peut être le fait d'un membre de la famille ou d'une personne dans le cadre professionnel quel que soit son degré de hiérarchie. Contrairement aux idées répandues le harcèlement moral au travail se pratique aussi bien entre collègues, de subordonné à supérieur hiérarchique qu'entre supérieur hiérarchique et subordonné.

Le harcèlement sexuel est une pratique abusive délictueuse dans laquelle le harceleur abuse de son pouvoir ou de son autorité, de la dépendance ou de la peur (de perdre son emploi par exemple) pour violer l'intimité physique de sa victime. Pour parvenir à ses fins, le harceleur peut user de promesses, de menaces, de pressions... Cet abus d'autorité n'est pas exclusivement le fait de l'employeur ou de cadres, il peut provenir de clients, de consultants extérieurs...

Il n'existe pas de profil type de harcelé. Les victimes ne sont pas forcément des personnes fragiles. Les conséquences pour les victimes sont des symptômes de stress avec troubles psychosomatiques, voire des dépressions pouvant conduire au suicide, à l'invalidité ou à la perte d'emploi. D'autres réagissent par une combativité intense qui les font passer pour des personnes paranoïaques.

Le harceleur au travail est désormais condamné socialement et juridiquement. Pour ce faire, il est nécessaire que la victime porte plainte et souvent cette décision est difficile à prendre compte tenu des conséquences redoutées.

La prévention du harcèlement commence par l'éducation, d'une part dans le respect de l'autre et sa reconnaissance (égalité professionnelle entre homme et femme par exemple), d'autre part dans la maîtrise de ses pulsions (agressives ou sexuelles). En entreprise, elle passe par le style de management et la concertation dans l'organisation du travail.

Si vous êtes harcelé, vous ne devez pas passer sous silence cette situation car cette forme de maltraitance est condamnable. Cependant, tout n'est pas du harcèlement moral. Il ne faut pas confondre les réactions de méfiance que vous pouvez provoquer chez vos collègues lors de votre arrivée dans un nouveau job avec du harcèlement. De même, le pouvoir de commandement de votre supérieur détenu grâce au lien de subordination du contrat de travail qui vous lie à l'entreprise n'est pas à assimiler à du harcèlement moral.

La vie scolaire

L'école, c'est le monde à l'échelle réduite : violences, confrontation de cultures, de religions, de valeurs, de préjugés, rapports dominants-dominés, non respect des droits humains, racket, drogue… Or, l'école est un lieu où l'enfant doit apprendre et jouer sans peur.

L'école représente un enjeu : c'est à la fois le ticket d'entrée pour la réussite sociale et un bouclier contre le chômage. Sans diplôme, point de salut. Cet enjeu est répété sans arrêt à l'enfant qui va finir par l'intérioriser. Cette intégration va permettre d'installer la motivation scolaire lorsque l'enfant n'a pas de difficultés d'apprentissage. Le stress ressenti va être positif dans la mesure où il va pousser l'élève à s'investir dans ses devoirs par peur de l'échec. Cette pression est jugée nécessaire à la réussite scolaire.

À l'inverse, cette intériorisation va devenir un puissant stresseur et un élément fondamental dans l'échec scolaire en cas d'inadéquation entre les exigences scolaires et les aptitudes de l'élève. L'enfant ou l'adolescent va développer un sentiment d'incompétence, se croyant incapable de répondre aux objectifs demandés. Il va vivre cette situation dans la douleur ou dans la révolte. L'échec scolaire comme tout échec attaque gravement l'estime de soi. Or l'enfant ou l'adolescent a déjà un Moi mal assuré. Il est important que l'élève en situation d'échec scolaire trouve des gratifications narcissiques dans d'autres activités telles que le sport, sinon il les recherchera dans des activités antisociales pour les garçons ou de séduction pour les jeunes filles (mode Lolita). L'échec scolaire est avant tout un échec personnel dans la construction et la réalisation de soi. Pour les parents, il est vécu comme incompatible avec une bonne insertion sociale et professionnelle car sans formation, le travail sera peu valorisant et peu gratifiant en termes de revenus.

Les passages au tableau, les examens, les bulletins scolaires, les conseils de classe, les passages primaire/collège, collège/lycée, lycée/université, les concours, sont des stresseurs pour l'élève où ses compétences sont évaluées. Le travail scolaire représente un effort régulier pour intégrer les disciplines enseignées. Tant que l'effort est soutenable et les résultats satisfaisants ou acceptables, l'élève est bien intégré soit parce qu'il donne un sens à ses études soit par simple soumission au système. L'absentéisme, le désinvestissement scolaire, les manifestations d'incivilité et de violence sont des modes de réaction aux exigences scolaires des élèves qui se sentent en situation d'échec. Rejetés, ils rejettent l'école. Les enseignants assistent alors soit à une déconnexion vis-à-vis de la classe (isolement) soit à un leadership négatif qui entraîne la classe dans la dérision et le brouhaha (pitre de la classe ou caïd de la cours de récréation).

Chaque passage renverse les rôles – les aînés du collège deviennent les cadets du lycée – et remet en jeu la place de chacun au sein de l'institution. Le changement de locaux et la taille plus importante suscitent l'appréhension de ne pas se repérer. L'entrée au collège active la crainte d'être perdu du fait du grand nombre d'enseignants et de n'être qu'un numéro parmi tant d'autres.

À côté de ces stresseurs internes s'ajoutent des stresseurs organisationnels et externes :
– environnement bruyant, manque d'espace dans les classes, chaleur ;
– cours situés à des heures peu favorables ou activités intellectuelles trop cumulées sans interruption sportive ;
– charge de travail trop importante à la maison où les conditions ne sont pas toujours réunies pour favoriser la concentration ;
– insécurité de l'école ;
– comportement de l'enseignant.

Les conditions de vie

Les tracas quotidiens sont des micro-stresseurs répétitifs, a priori anodins, mais qui finissent par vous user et détériorer votre qualité de vie. C'est leur accumulation qui provoque du stress : longueur des trajets, embouteillages ou transports en commun bondés, relations tendues, bruit, files d'attente, pression du temps (préparer les enfants, les conduire à l'école avant de partir travailler), agressivité des clients, nécessité de s'occuper de jeunes enfants, travail dans le froid ou une chaleur excessive, désordre ou perte d'objets, accumulation de choses à faire... La violence urbaine (attaques furtives, verbales ou gestuelles contre l'autorité, les conduites de haine) entretient un climat tendu.

Votre niveau de tension dépend des facteurs physiques qui agressent indirectement votre corps (pollution, température...), émotionnels, moraux (prise de décision qui posent des cas de conscience) et sociaux (perte d'emploi, liquidation judiciaire, chômage longue durée...)

Les sociologues ont constaté que les personnes qui vivent dans des quartiers défavorisés font plus de dépressions que celles qui ont un habitat privilégié. La qualité de vie et de voisinage jouent sur le stress. Le bruit, l'insécurité, le manque d'infrastructure, l'environnement dégradé par les graffitis, le vandalisme, l'alcool, la drogue... sont autant d'éléments qui influent sur le mal-être. L'organisation des espaces collectifs favorise les incivilités et la délinquance. Les médecins ont observé de l'hypertension chez les personnes soumises continuellement au racisme, à la pauvreté, au chômage et chez les femmes qui élèvent seules leurs enfants.

Plus votre vie est en déséquilibre et plus vous êtes sensible aux micro-stresseurs. Ainsi une remarque bénigne prend une ampleur colossale alors qu'elle passerait inaperçue dans d'autres circonstances.

Le recours aux excitants

Nos comportements individuels sont centrés sur la recherche du bien-être. Dans tous les cas, la consommation de drogues provoque du plaisir ou un soulagement qui nous incite à en reprendre. Les drogues y compris le tabac et l'alcool utilisent le système naturel du corps qui nous pousse à manger lorsqu'on a faim, à trouver un partenaire sexuel pour assurer la reproduction de l'espèce et à nous couvrir lorsqu'on a froid. Elles ont un effet sur les neurones du cerveau qui forment le circuit du plaisir ou de la récompense et génèrent un renforcement positif qui incite à répéter l'expérience.

Selon les cultures, certains produits sont interdits comme l'alcool, le cannabis dans l'islam et les opiacés en Occident. Chaque drogue dispose d'un cadre légal selon les pays. Les risques dépendent de la nature de la drogue, de la quantité prise, des habitudes, de l'état émotionnel et du style de vie de la personne. Il n'existe pas de risque zéro. Le désir de boire, de fumer, ou de se droguer naît de l'apprentissage. L'idéal est de ne jamais commencer ! La consommation de n'importe quelle substance psycho-active expose la personne à des risques.

Inconsciemment, certains individus augmentent leur dose journalière de caféine. C'est un stimulant qui donne ce petit coup de fouet dont vous avez besoin lorsque vous êtes fatigué. Elle a une action vasodilatatrice sur la circulation cérébrale. Cette substance d'origine végétale se trouve dans le café, le thé, le chocolat noir, certaines boissons énergisantes et le cola. Elle dope votre organisme et peut provoquer de l'insomnie, de la nervosité, des troubles gastro-intestinaux et cardio-vasculaires. Elle parvient au cerveau dès la cinquième minute d'absorption et agit durant quatre à six heures. Chez les êtres anxieux, elle peut intensifier l'anxiété. Le café permet d'augmenter la vigilance mais contrairement à une idée répandue, il n'augmente pas les capacités de mémorisation et d'apprentissage.

Tout le monde sait que le tabac tue comme l'indique chaque paquet de cigarettes. La première cigarette est une cigarette de l'adolescence rebelle qui aime les conduites à risque. Progressivement, le jeune devient dépendant du tabac car lorsqu'il fume, la sensation de bien-être se situe à quatre niveaux :

– *Comportementale :* la satisfaction de tenir une cigarette, de la porter à sa bouche, de souffler la fumée, la contenance qu'elle donne qui peut dissimuler de la timidité, des difficultés relationnelles...

– *Physique :* les produits chimiques que vous avalez stimulent le corps : rythme cardiaque, tension artérielle et niveaux d'hormones. Le désir d'arrêter de fumer se trouve confronté à la dépendance très forte du fumeur à la nicotine.

– *Psychologique :* recherche du tabac pour le plaisir, pour la sensation de pouvoir se concentrer, se détendre...

– *Biologique* : la nicotine atteint le cerveau en 7 secondes. Elle stimule la libération d'adrénaline et de noradrénaline (les hormones de stress), d'endorphines (hormones contre la douleur) et de dopamine (médiateur chimique du système nerveux). La dopamine est responsable d'un ensemble de comportements destinés à atteindre le centre du plaisir nommé centre de récompense et qui vous donne l'envie de recommencer l'expérience. Des expériences animales, ont permis de mettre en évidence l'existence d'un système général de récompense qui provoque la libération de la dopamine. Tous les produits qui créent une dépendance élèvent la quantité de dopamine dans les circuits de la récompense.

Toutes les drogues ne provoquent pas d'une manière identique l'élévation du taux de dopamine dans le cerveau. La cocaïne l'augmente surtout dans les synapses (zone d'informations entre les neurones), l'*ecstasy* libère de la sérotonine (régulateur du sommeil, de la faim, de la douleur et de l'humeur)… L'addiction se développerait sur la recherche du plaisir qu'elle procure et l'évitement de la douleur : la substance sert à soulager un malaise physique, un état dépressif ou un isolement social.

Aux côtés de la dopamine :
– le cortex préfrontal, tour de contrôle et du traitement de l'information est un relais du circuit du plaisir dans son rôle de l'attention et de la motivation de l'action ;
– le *locus coeruleus*, centre d'alarme, pousse l'individu en état de manque à se procurer de la drogue ;

– l'amygdale, impliquées dans les émotions, se charge de percevoir la drogue comme agréable ;
– l'hippocampe, pilier de la mémoire, conserve les bons souvenirs liés à la drogue.

La consommation de cannabis se caractérise par un effet planant, d'euphorie légère, de loquacité et de perception du monde modifiée. Le consommateur se sent plus calme, plus insouciant et stimulé intellectuellement ce qui amplifie la confiance en soi. Cependant, il présente une baisse de la motricité et des réflexes. L'abus de cannabis fait perdre le sens des réalités, altère la mémoire et déclenche la psychose cannabique (symptômes semblables aux bouffées délirantes). Sur le plan physiologique, on constate des manifestations proches du tabagisme chronique (toux, bronchite chronique). Selon le magazine *60 millions de consommateurs* paru en 2006, fumer trois joints par jour ferait courir les mêmes risques de cancers (bronchiques, des voies aériennes et digestives supérieures) ou de maladies cardio-vasculaires que fumer un paquet de cigarettes par jour. Ce mensuel s'est servi d'une machine à fumer pour faire ce test afin de comparer les teneurs en nicotine, goudrons, monoxydes de carbone, benzène et toluène dans les fumées de cannabis et de tabac.

Comme le tabac et l'alcool, le cannabis passe la barrière placentaire et nuit au développement du fœtus.

La cocaïne est avant tout un stimulant recherché pour ses effets euphorisants, un sentiment de puissance intellectuelle et physique et une indifférence à la douleur et à la fatigue. Elle lève les inhibitions ce qui peut conduire à commettre des actes de violence. Elle provoque une dépendance psychique importante et les conséquences physiques sont dommageables : démangeaison, nécrose du tissu du nez, tremblements, migraines et nausées... La cocaïne augmente artificiellement la concentration de dopamine dans le cerveau ce qui donne le sentiment que tout est facile et lorsqu'un toxicomane arrête d'en prendre, il perd toute motivation même celle de se nourrir.

L'héroïne est un opiacé puissant obtenu à partir de la morphine. Elle provoque l'apaisement, l'euphorie et une sensation d'extase. Elle donne l'illusion de combler un mal-être psychique, une souffrance ou un besoin d'oubli. Très rapidement, le plaisir des premières consommations laisse la place à de l'anxiété, des états de manque terrible, de l'anorexie, des troubles du sommeil... La surdose ou l'overdose entraîne une perte de connaissance et l'arrêt respiratoire.

Les amphétamines ou *speed* sont des psycho-stimulants puissants. Très souvent coupés avec d'autres produits, ils donnent la sensation d'être invincible. L'injection intraveineuse d'une dose d'amphétamines provoque des « flashs » correspondants à une jouissance extrême. La consommation d'amphétamines entraîne une altération de l'état général (épuisement, nervosité) et peut provoquer des crises d'angoisse, un état dépressif, paranoïaque ou des tendances suicidaires.

L'*ecstasy* (drogue de synthèse), utilisée dans le cadre de manifestations autour de la techno (les *rave parties*), donne une sensation d'énergie et d'assurance. Pourtant les conséquences sont préjudiciables pour la santé des utilisateurs : augmentation de la tension artérielle, du rythme cardiaque, déshydratation de l'organisme.

Les effets que procurent l'alcool sont divers, de la détente à l'ivresse, puissant sédatif, anxiolytique, antidépresseur ou excitant... pour le buveur, l'alcool est synonyme de fête, de défonce ou d'oubli. La recherche de la convivialité, de l'amnésie, d'une meilleure confiance en soi pousse à boire. Immédiatement, l'alcool est là pour dissiper toutes les peurs et toutes les angoisses. Il passe directement du tube digestif aux vaisseaux sanguins qui le véhiculent dans tout le corps, y compris le cerveau. L'activité neuronale se trouve diminuée ce qui explique l'effet sédatif de l'alcool.

En raison de la différence de poids, des systèmes immunitaires et hormonaux, les hommes et les femmes ne sont pas égaux devant l'alcool; les femmes sont plus sensibles. L'alcoolisme féminin est plus secret, davantage lié à la dépression et à la solitude. L'association œstrogènes et alcool semble favoriser la cirrhose du foie. L'alcoolisation tardive des personnes âgées s'expliquerait par la solitude, la perte du conjoint et une affection invalidante. L'alcoolisme masculin est plus festif. Celui des adolescents associe tantôt la fête tantôt le mal-être. Il existe une forte causalité entre l'alcoolisme des parents et celui des adolescents de sexe masculin.

Si votre style de vie est basé sur le relationnel, l'alcoolisme mondain est un risque certain de dépendance à l'alcool. En entraînant une diminution des réflexes et des troubles de la vision alors que le buveur a au contraire l'impression qu'il décuple ses possibilités, l'alcool est à l'origine d'accidents de la route et du travail. L'alcool agit comme un excitant et favorise la montée de l'agressivité chez les personnes violentes ou encore les violences sexuelles. L'alcoolisation chronique est facteur de risques au niveau du foie, de certains types de cancer, du système digestif et cardiovasculaire. L'ivresse est responsable de suicide. Elle est aussi à l'origine de chutes, d'incendies, de brûlures et d'hypothermies.

La consommation de certaines substances addictogènes induit souvent à des associations telles que : alcool et tabac, tabac et cannabis, *ecstasy* et certains médicaments psychoactifs. Lors de soirées, la polyconsommation peut entraîner des risques graves pour la santé et conduire à une polytoxicomanie.

Si on analyse les effets de la drogue, on constate qu'elle a brisé plus de vies qu'apporté le soulagement ou le bonheur recherché. Les techniques cognitives et comportementales permettent de comprendre et de repérer les pensées qui accompagnent le désir à l'origine de l'addiction. Un traitement médical associé et le soutien d'anciens dépendants favorisent également la rupture avec l'addiction. Ce soutien a beaucoup d'importance car le vécu de ceux qui s'en sont sortis donne lieu à un véritable échange d'expériences douloureuses et d'espoir de réussite. Le parcours est difficile. À chaque fois qu'elle rechute, la personne est envahie d'un sentiment de culpabilité : « Je ne suis même pas capable de tenir mes engagements. » Il faut dédramatiser la rechute et refuser de la vivre comme un échec final.

Les valeurs de la société de consommation et de performance

La société actuelle cultive le mythe de la performance, de l'abondance et de la nouveauté par l'éloge du progrès. La publicité multiplie les désirs et en crée sans cesse de nouveaux, parfois très loin des besoins fondamentaux nécessaires pour vivre. La consommation est devenue la manière de se faire plaisir, de se récompenser et d'être heureux. Tout changement rend désuet le produit précédent ainsi que son propriétaire. Posséder le dernier vêtement à la mode, le dernier téléphone portable, le modèle le plus récent de voiture... flatte l'image extérieure et rehausse le prestige. Acheter c'est se valoriser, devenir ce que l'objet représente. Si l'achat est luxueux, il prouve que vous êtes quelqu'un qui a réussi sa vie. L'intégration sociale passe par l'usage des marques et les produits à la mode. Être exclu de la société, c'est ne pas avoir les moyens de consommer. Pour satisfaire toutes ses envies, il faut de plus en plus de revenus et le crédit à la consommation facilite l'accès au bien ou au service convoité. Le salaire sert la consommation et le plaisir se confond avec le bonheur.

Pourtant, les résultats de l'étude de E. Diener et D. Myers rapportés par l'American Psychological Association montrent que « ceux qui adhèrent aux messages de la culture de consommation ressentent moins de bien-être personnel ».

Les valeurs se modifient. L'avoir est plus indispensable que l'être. Pour les matérialistes, les attributs de la réussite sont tous liés au « paraître » et l'estime de soi dépend du regard des autres. Dans leurs attentes irréalistes demeure l'idée que l'acquisition de biens va changer leur vie. Dans cette course au matériel, l'individu consacre moins de temps à la religion, à la spiritualité ou à la réflexion personnelle. Le désir engendre l'impatience, la tension et la frustration lorsqu'il ne se réalise pas. S'il est satisfait, il va combler dans un premier temps cette tension. Puis, un nouveau besoin va naître. L'engrenage dans cette quête incessante de possession va se poursuivre sans fin, le plaisir étant la satisfaction du désir. En imaginant que l'appropriation soit totalement comblée, la peur de perdre ce qu'il possède va engendrer une autre forme de stress chez le matérialiste.

Cette quête de bonheur est devenue une fin en soi. Dans cette demande inexorable d'éphémère, l'homme se perd cherchant son bonheur à l'extérieur de lui. Il le trouve dans une acquisition nouvelle ou un divertissement qui suscite en lui des émotions fortes. Or, il n'est pas toujours possible de satisfaire ses désirs car il existe des facteurs extérieurs limitatifs, ne serait-ce que l'argent et toute une somme de contraintes. Les individus matérialistes orientés vers des buts tels que la possession, le statut, le prestige obtiennent moins de satisfaction dans la vie que ceux qui sont non matérialistes et tournés vers des objectifs endogènes comme le développement personnel et le contact humain.

Si bien que de nombreuses personnes vivent dans un dénuement extrême, surendettées, isolées, précarisées à la suite d'une rupture familiale, sans emploi, malades ou handicapées les renvoyant à leur impossibilité de pourvoir à leurs besoins, les rendant incapables et coupables. La précarité n'est plus seulement le fait des personnes sans emploi, elle touche les bas salaires, les salariés des temps partiels, à contrat à durée déterminée, les intérimaires... Dans cette société où la réussite professionnelle est un modèle, ces personnes sont envahies par la honte, l'échec et les soins à elles-mêmes deviennent secondaires. Les soucis du lendemain, l'installation des dépendances pour oublier, le déséquilibre alimentaire les enferme d'autant plus dans la précarité.

Les difficultés liées à la personnalité

Comme tout individu, vous élaborez inconsciemment des scénarios pour résoudre les situations difficiles qui se présentent. Tant qu'ils fonctionnent, vous êtes en sécurité. Lors d'un dysfonctionnement, vous vous mettez à perdre confiance en vous et dans la vie. Plus la stratégie est inadaptée, plus grand est le risque d'être stressé.

Une mauvaise estime de soi

Les croyances négatives sur soi-même sont basées sur la peur. Elles entraînent des réactions destinées à vous protéger ou à vous comporter par réaction à ce qui vous arrive. Une faible estime de soi vous fait douter de tout et amène à différer vos décisions de crainte de vous tromper. Vous n'aimez pas prendre de risques et vous sentez en sécurité derrière vos habitudes. Votre stresseur se loge dans votre difficulté à affronter la vie et la peur de l'échec si bien que vous employez inconsciemment l'évitement ou le déni comme mécanismes de défense. Vous avez tendance à demander l'avis des autres et à subir le conformisme social. Vous supportez mal les critiques ou les remarques car elles vous blessent justement à l'endroit où vous souffrez : dans votre manque de confiance en vous. De plus, vous avez intensément besoin d'être accepté et aimé des autres. Tout vous rend anxieux, même le bonheur car vous avez le sentiment de ne pas le mériter ou de ne pas pouvoir le conserver longtemps.

Des émotions inadaptées

Les émotions, désagréables ou agréables, sont de véritables interprètes de votre état d'esprit. Elles prennent naissance à partir de votre interprétation de l'événement qui les a provoquées. Les comprendre et les analyser vous aide à vaincre vos peurs qui sont à l'origine de problèmes récurrents. Chaque difficulté dépassée permet d'acquérir de l'expérience. Néanmoins lorsque les problèmes se répètent inlassablement, cela nécessite de vous remettre en question pour cesser de subir sans cesse les mêmes conséquences. Lorsque les émotions sont disproportionnées et qu'elle vous font perdre vos moyens, que la colère se transforme en violence, que la tristesse mène à la dépression… il faut s'ouvrir à vous-même, vouloir guérir de vos blessures passées et apprendre la prise de recul. Faire la part des choses entraîne un comportement juste et adapté.

La distorsion cognitive

Chaque jour, l'individu est confronté à la réalité de la vie et essaye de gérer le sens de ce qui l'entoure. Il y a distorsion cognitive, chaque fois qu'il interprète les événements, les propos d'une personne… d'une manière différente de la réalité. La distorsion est problématique lorsqu'elle entraîne un état de stress puissant pour une cause mineure ou des comportements inappropriés du fait de fausses croyances, comme par exemple, la peur excessive de mourir lors d'un accouchement.

Elle peut prendre des formes différentes comme :
– un raisonnement où vous appliquez le « tout ou rien » : « ce sera lui l'homme de ma vie ou personne d'autre » ;
– la sélection arbitraire : lors d'un entretien d'appréciation, un mécanicien ressort déçu alors que son chef lui a fait de nombreux compliments sur son travail. Il n'a retenu qu'un seul détail négatif : qu'il avait oublié de laver une voiture d'un client avant de la lui rendre ;

– la sur-généralisation : l'individu croit par exemple que s'il a raté le train c'est qu'il n'a jamais de chance ;
– l'inférence arbitraire : « il ne m'a pas téléphoné aujourd'hui, donc il ne m'aime pas » la personne associe un acte isolé à la solidité d'un sentiment ;
– la personnalisation : « cela n'arrive qu'à moi », la personne s'imagine qu'elle ne vit que des expériences uniques ;
– la prédiction : « je suis certain de ne pas être sélectionné pour ce poste ». La conviction de l'échec mène à l'insuccès.

La distorsion cognitive étant une source de vulnérabilité, il faut prendre soin de ne pas faire de conclusions trop hâtives. Si ces dernières sont négatives et stressantes, sachez les remettre en cause en cherchant d'autres possibilités car elles n'apportent qu'une mauvaise image de soi, du ressentiment, de l'incompétence et un positionnement de victime.

La peur de l'avenir

L'autonomie réside dans l'acquisition de bases solides durant l'enfance. Elle permet d'installer la sécurité intérieure pour quitter un jour le giron familial et voler de ses propres ailes. Soutenu et encouragé par ses parents, l'enfant pourra s'aventurer plus loin. Le regard bienveillant et l'amour inconditionnel parental permettent d'ancrer l'estime de soi. Se sentir aimé, reconnu et respecté permet à l'enfant de percevoir l'avenir avec confiance et sérénité. Dans sa vie d'adulte, il sera ouvert à l'échange et au changement.

Trop de protection parentale, une forte négligence ou des maltraitances peuvent être à l'origine de l'insécurité. Surprotégé, l'enfant ne peut pas faire ses propres expériences. Il est envahi par ses parents et dépossédé de son identité. Adulte, il continuera de rechercher l'approbation des autres car il n'aura pas confiance en ses propres jugements, faute de les avoir testés. Ce doute sur ses capacités l'empêchera d'anticiper positivement toute situation à venir car l'évaluation de celle-ci le mettra directement en relation avec ses ressources jugées insuffisantes. Or, c'est justement le sentiment de ne pas pouvoir contrôler une situation qui est facteur de stress.

Livré à lui-même et sans repères, l'enfant grandit en se sentant menacé dans son existence et son identité. De plus, il se croit responsable de l'indifférence de ses parents car dans son esprit, si son père et sa mère ne lui prêtent pas attention c'est qu'il ne le mérite pas. Cet abandon parental le marquera dans ses relations futures qui seront imprégnées par cette peur constante d'être rejeté, exclu et non désiré (syndrome de la dépendance affective) et de ne pas avoir de valeur. Dans sa vie quotidienne, il s'angoissera de ce qui peut lui arriver dans l'avenir.

La maltraitance physique et psychologique est un abus de pouvoir sur des personnes plus faibles. L'enfant battu, terrorisé, dévalorisé ou insulté en vient également à se considérer indigne d'amour et de respect. Il souffre de mésestime de soi, d'insécurité, de problèmes de confiance… car pour se construire, il faut se nourrir de l'amour et de la reconnaissance parentale.

Ainsi toute personne qui se sent en insécurité se projettera dans l'avenir avec crainte. Elle percevra toute information présente comme dangereuse pour le futur. Que cette information soit soutenue par le climat général ou par les médias, même si elle ne la concerne pas directement, elle provoquera de l'inquiétude (catastrophes naturelles, guerre, terrorisme, mondialisation, réchauffement de la planète, hausse du chômage, délocalisation, licenciements, apparition de nouvelles maladies : sida, maladie de Creutzfeldt-Jakob, grippe aviaire…). Le sentiment d'insécurité peut induire des raisonnements erronés en surévaluant ou sous-évaluant le danger ou la menace. L'avenir devient difficile si vous l'appréhendez comme à la fois négatif et incontrôlable. C'est la raison pour laquelle, les pessimistes sont plus vulnérables au stress que les optimistes. Pour ces derniers, il existe chaque fois une solution à un problème. L'avenir est toujours porteur d'espoir : « demain, ça ira mieux ! » alors que les pessimistes penseront que « demain ne peut être que pire ».

CHAPITRE 4

STRATÉGIES ANTI-STRESS

Le stress n'est pas à éradiquer systématiquement car nous avons vu précédemment qu'il pouvait être un facteur de survie, de motivation et de prouesse. Seules les tentatives d'adaptation inefficaces et dangereuses pour votre santé doivent être prises en considération. Il n'existe aucune recette miracle car chacun perçoit et vit son stress à sa façon. Il est important d'écouter votre corps lorsqu'il souffre, votre esprit lorsqu'il s'emplit d'idées noires ou encore d'être attentif à la modification de votre comportement. Certains symptômes peuvent être difficiles à détecter : vous fumez un peu plus, prenez un ou deux verres de plus, vous vous mettez plus facilement en colère, êtes plus impatient, vous avez des difficultés à trouver le sommeil… Ces signes précurseurs doivent être pris au sérieux afin de réduire l'intensité du stress pour éviter l'apparition de problèmes de santé. Chacun choisira la stratégie corrective qui lui convient.

S'éveiller à la connaissance de soi

La connaissance de soi est le commencement de la sagesse pour mener une existence cohérente avec vos aspirations personnelles. Depuis l'enfance, on vous demande de vous emplir de choses extérieures et de les faire vôtres. Faute de vous connaître, votre ego et les croyances qui l'habitent guident votre vie à la place de votre nature profonde. L'ego ou « faux Moi » donne à l'homme l'impression d'exister par les possessions matérielles, par la volonté qui l'anime, par les valeurs qu'il défend, par le pouvoir qu'il possède sur les autres, par son savoir... mais le détourne de son « vrai Moi ». L'ego s'identifie aux émotions, aux situations, au corps et vous éloigne de ce que vous êtes. Mais comment accéder à soi-même « en étant juge et partie » ? Le regard des autres vous révèle à vous-même, mais est-ce un vrai miroir ?

S'il est intéressant de découvrir la perception des autres sur vous-même, ce n'est pas suffisant pour accéder à votre véritable identité car elle est ensevelie sous l'être social que vous êtes devenu. Qu'est-ce que le « je » qui parle, qui souffre, qui aime ? Ce « je » est différent de « je suis » qui désigne votre nom, prénom, âge, sexe, lieu de naissance, adresse, état matrimonial, profession... Se connaître n'est pas se définir à partir de votre métier, de votre situation familiale, de vos relations, de vos biens... Seul l'ego possède un curriculum vitae.

La connaissance de soi requiert la perception de soi dépouillé de cette fausse identité sociale. Le « je suis » laisse la place à « ce qui est » et à l'enfant intérieur. Aller à la rencontre de soi fait peur. Pourtant rassurez-vous, il n'y a pas d'observateur qui regarde un observé. Observateur et observé ne font qu'un dans l'amour de vous-même. Plus tard, viendra l'envie d'agir en accord avec vos aspirations profondes, votre mission, vos aptitudes pour être en harmonie dans votre relation aux autres et au monde. Pour l'instant, vous êtes en vous. Certains auteurs nomment cette conscience : la présence. Dans le silence, vous ressentez ce que vous êtes. Vous prenez possession de vous-même. Vous allez découvrir que vous n'êtes pas ce que vous croyez être, ce que les autres voudraient que vous soyez, ce que vous aimeriez être ou ce qu'il faut être. La conscience de soi est un acte d'observation sans se juger, sans se condamner, sans se glorifier. À chaque fois que vous dites « je suis nul, timide, malchanceux... », vous vous collez une étiquette et il devient difficile de changer car si vous pensez ce que vous êtes, vous deviendrez ce que vous pensez.

La connaissance de soi se fait aussi de manière inconsciente à travers l'activité onirique. Les rêves révèlent vos refoulements, c'est-à-dire les souvenirs douloureux réprimés ou vos désirs étouffés.

Si la vie vous maltraite, ne vous maltraitez pas vous-même en vous installant dans un état émotionnel négatif. Les crises traversées sont liées d'une part à l'attachement à un être, à une situation, à une image de soi et d'autre part au détachement comme une rupture, un renversement de situation ou une critique. Ces pertes sont vécues par l'ego comme injustes, frustrantes, et entraînent une lutte pour conserver les acquis.

Sans nier la douleur des blessures, sachez que les pertes sont vertueuses car elles conduisent vers le chemin qui mène au vrai moi. Elles poussent au questionnement. Qu'est-ce que je veux vraiment ? Qu'est-ce que je cherche ? Qu'est-ce qui est essentiel dans ma vie ? Quelle est ma mission, mon but dans la vie ?

S'il est facile de se décrire par son rôle social (je suis secrétaire), son passé (j'ai fait la guerre), sa culture (je suis corse), ses idées politiques (je suis de droite, de gauche)… il est plus ardu de connaître son intériorité. Les obstacles à cette démarche interne sont les fausses croyances, les jugements et les préjugés qui servent l'ego. Les activer produit toujours les mêmes conséquences. Lorsque vous êtes heureux, vous trouvez que la vie est belle et les gens merveilleux. Lorsque vous venez de vivre une épreuve, vous pensez que la vie est difficile et les gens de purs égoïstes.

Le distress est une initiation. Il attire l'attention sur votre insatisfaction actuelle ou sur vos émotions négatives. Il vous donne l'occasion de prendre conscience de vos habitudes, de vos pensées et de votre comportement et vous aide à trouver en vous des solutions que vous avez tendance à chercher à l'extérieur de vous. Il est un véritable enseignement sur les conséquences non du stresseur en lui-même. Sans la lumière, on ne peut concevoir les ténèbres, la joie et la paix intérieure deviennent souvent accessibles après la peine ou une période de stress.

Le distress est aussi une énergie de progression. Un « je » qui a peur cherche la sécurité à l'extérieur et ne la trouve jamais. Un « je » qui souhaite la perfection conduit à un comportement rigide et ritualisé. Il est bon de commencer par prendre conscience de ce qui vous stresse : situations extérieures (tensions au travail, au sein de la famille…) ou état intérieur (peur, insécurité, manque de confiance en vous…) pour vous en libérer. Alors votre bonheur ne sera plus soumis aux va-et-vient des rencontres, des circonstances, à la possession matérielle, à une expérience satisfaisante, à votre ego mais se logera dans la plénitude de votre être véritable.

Si votre bonheur dépend des autres, de leur regard, de leur amour, de votre travail, de votre prestige… alors vous êtes dans une situation à risques car vous accordez plus de pouvoir aux autres qu'à vous-même. Il faut savoir vous aimer, vous reconnaître et laisser s'exprimer l'enfant qui est en vous. Cet enfant intérieur a gardé toute son innocence, son enthousiasme pour la vie, il est ce qu'il est, naturel dans sa spontanéité et sa joie de vivre. Sa vision du monde n'est pas influencée par celle des adultes où le mental et l'extérieur dominent tous les actes. Il écoute ses désirs et il sait dire non à ce qui ne lui convient pas. Il ne se juge pas et ne se critique pas. Il a confiance en la vie et sait prendre des risques sans éprouver de la peur. Vos responsabilités et vos diverses déceptions vous l'ont fait perdre de vue mais il est bien vivant. Renouez avec l'enfant intérieur que vous étiez car il perçoit la beauté de la vie et le sentiment que tout est possible ! Il sait mettre de la légèreté là où le stress installe la lourdeur, de la confiance à la place du doute, de la sécurité intérieure au lieu de l'insécurité.

La connaissance de soi mène à la révision de vos croyances, à la délivrance de vos peurs et à la transformation intérieure.

Développer la résilience

La résilience est la capacité à surmonter les événements de vie difficiles. Il s'agit d'une qualité personnelle qui permet de mettre toutes ses ressources au service de sa survie. Ce terme provient du vocabulaire des physiciens pour lesquels la résilience est l'aptitude d'un corps à résister à un choc et à reprendre son état initial. Dans son origine, le concept né de la psychologie sociale américaine, traduit la capacité à vivre, à réussir et à se développer en dépit de l'adversité. La résilience pourrait se résumer par la phrase célèbre de Nietzsche : « Ce qui ne tue pas rend plus fort. »

Par cette force psychique, la résilience permet de reprendre sa vie en mains, de ne pas se laisser abattre par les événements et de ne pas se considérer toute sa vie comme une victime. C'est le cas des enfants qui ont connu une enfance difficile (comme Maria Callas, qui a dépéri dans un dépôt d'enfants immigrés à New York, Barbara victime d'inceste et le mauvais garçon Georges Brassens) et qui ont réussi à surmonter leurs épreuves.

Cette aptitude à faire face provient d'un ensemble de combinaisons d'utilisation de ressources intérieures et de soutien extérieur. Certains spécialistes pensent que chaque être humain possède cette capacité qu'il lui appartient de développer. D'autres qu'il s'agit d'une question de tempérament ou d'aptitudes propres à chacun qui permet d'agir efficacement sur l'environnement : altruisme, sens de l'humour, intelligence, tempérament serein, estime de soi, sentiment de compétence, optimisme, capacité de se projeter dans l'avenir agréablement, indépendance, habileté dans la résolution de problèmes, niveau d'études élevé, orientation spirituelle...

Les individus résilients utilisent leurs capacités adaptatives en puisant avec ténacité dans leur potentiel et en utilisant également le tissu social. Le soutien familial facilite une bonne adaptation : plus vous vous sentez aimé, réconforté et apprécié, plus vous êtes apte à vous sortir d'une situation hasardeuse. La reconnaissance sociale permet de rebondir dans un contexte d'obstacles importants en se sentant utile et reconnu.

Votre capacité à la sublimation, c'est-à-dire votre facilité à transposer une pulsion en un sentiment supérieur est un atout certain pour résister à de fortes pressions. De même que la manière d'intellectualiser une situation désagréable, qui consiste à transformer un problème concret que l'on ne veut pas affronter en un problème abstrait, joue favorablement dans le dépassement des épreuves.

Chez certaines personnes résilientes, ce sont des identifications à des héros qui produisent des comportements de combat qui leur assurent la victoire.

Les influences culturelles peuvent permettre d'affronter les vicissitudes de la vie d'une manière dynamique. Certaines communautés exposées à la guerre, à la pauvreté, à des catastrophes ou à l'exclusion ont montré leur capacité à faire face à la situation par une solidarité entre leurs membres.

Devenir votre meilleur ami

Au plus profond de chacun logent son meilleur ami et son pire ennemi. Ces deux antagonistes ont la même particularité : celle de bien vous connaître. À l'échelle planétaire, ce dualisme est le reflet de l'humanité qui est capable du meilleur (entraide) et du pire (guerre).

La manière dont vous vous considérez est importante. Pour le savoir, songez à la façon dont vous vous parlez intérieurement. Avez-vous tendance à vous critiquer ou à vous encourager ? Si vous laissez la parole à votre pire ennemi, chassez-le car il n'a pas le droit de vous dévaloriser. Par la même occasion, débarrassez-vous de vos plans catastrophes et de l'idée que les autres vous évaluent en permanence. Si vous avez des difficultés à vous libérer des calamités qui vous guettent, notez-les sur une feuille ou dans votre ordinateur. Mettez en face les actions que vous allez mener afin de les éviter. Gardez vos notes, vous vous apercevrez dans le temps que le pire n'arrive pas aussi souvent que vous l'imaginez. Entretenez désormais un dialogue intérieur bienveillant et dynamisant.

Le sentiment de votre valeur personnelle procure une meilleure résistance au stress car une bonne image de soi permet de réagir positivement aux défis de la vie. Elle induit des comportements plus adaptés, une confiance dans l'avenir et une meilleure réactivité.

L'estime de soi se construit à partir de la confiance en soi, de la vision de soi et de l'amour de soi. La confiance en soi s'exprime dans vos actes, vos décisions et l'évaluation de vos possibilités. Avoir confiance en vous suppose que vous croyez en vous-même durant les épreuves, dans vos capacités et dans votre avenir. Vous vous sentez capable de réagir en fonction des situations et de prendre de bonnes décisions. Cette confiance dépend des encouragements reçus durant l'enfance, des réussites passées et de votre situation actuelle. Elle vous donne un sentiment de compétence qui permet de ne pas être réceptif aux stresseurs.

La vision de soi correspond à l'image globale que vous avez de vous c'est-à-dire à la manière dont vous vous percevez. Vous connaissez vos qualités et vos défauts. Avoir une vision de soi positive fait que votre regard vous renvoie une bonne image de vous-même, et ce malgré vos défauts. Vous croyez au bonheur et vous savez que l'avenir en sera porteur quelles que soient les épreuves présentes.

Vous aimer consiste à vous porter de la bienveillance, à devenir précisément votre meilleur ami, à être fier de vos réussites, à vous consoler lors de vos échecs et à vous encourager. L'amour de soi, comme tout amour, est inconditionnel. Vous vous aimez malgré vos défauts et vos limites. C'est cet amour qui vous permet de résister aux stresseurs.

Les personnes qui ont une bonne estime de soi tissent des liens sociaux, ont de l'énergie dans les tâches qu'elles accomplissent, dorment bien, ont de l'indépendance, de l'humour, de l'audace… Elles vont de l'avant, osent, prennent des risques et passent à l'action. L'estime de soi est semblable à un muscle, plus on la travaille et plus elle grossit. Commencez dès maintenant à être votre meilleur ami :

– prenez soin de l'être unique que vous êtes ;
– ne vous critiquez pas, respectez-vous ;
– soyez fidèle à vos valeurs, à ce qui est important à vos yeux et agissez en fonction d'elles ;
– traitez-vous comme vous aimeriez que vous traite votre meilleur ami ;
– apprenez à avoir confiance dans votre intelligence, dans vos différentes capacités, dans votre jugement ;
– autorisez-vous à avoir des émotions, à les exprimer (dites ce qui vous tient à cœur, ce que vous ressentez) ;
– reconnaissez vos besoins et vos désirs personnels ;
– dépassez vos freins, confrontez-vous à vos peurs, encouragez-vous pour les dépasser et sachez prendre des risques ;

– soyez fier de vos réussites et félicitez-vous pour votre persévérance (vous ne vous êtes pas découragé) ;
– prenez soin de votre corps ;
– reconnaissez-vous le droit à l'erreur, nul n'est parfait ! ;
– ne fonctionnez pas par rapport aux autres mais par rapport à vous ;
– aimez-vous et ne confondez pas cet amour qui fait grandir avec de l'égoïsme ; on ne peut aimer les autres, que si on est déjà en paix avec soi-même ;
– considérez toute personne comme votre égal, respectez les autres et faites-vous respecter d'eux, *superman* et *superwoman* sont des héros de cinéma ou issus des fantasmes, ils n'existent pas dans la vie de tous les jours, alors arrêtez les complexes ! ;
– ne cherchez pas à vous faire aimer des autres pour qu'ils comblent l'amour que vous ne savez pas vous porter, aimez-les pour donner et non pour recevoir ; ne vivez pas par procuration ;
– apprenez à résoudre vos problèmes et à assumer ce qui vous arrive sans accuser les autres ou les circonstances ;
– connaissez les croyances qui vous affaiblissent (« je n'y arriverai jamais, je suis incapable ») et celles qui vous grandissent (« je suis apte à me réaliser ») ;
– croyez que tout est possible et débarrassez-vous du fatalisme (« tout est déjà écrit, cela ne sert à rien d'essayer »), lancez-vous ! ;
– écoutez votre cœur et votre corps ;
– chérissez le divin qui est en vous.

En devenant votre meilleur ami, vous saurez que vous pouvez toujours compter sur vous. Vous établirez une relation d'amour envers vous, envers les autres et aussi envers la vie.

Donner un sens à votre vie

Réfléchir sur le sens de la vie revient souvent à se poser de nombreuses questions pour lesquelles personne n'a de réponses. Exposé à la maladie, à la mort ou encore lorsque la vie ne correspond pas à vos attentes, le sens de la vie revient en force. Pourquoi vivre ? La vie a-t-elle un sens ?

Et si vous preniez le problème autrement... Plutôt que de chercher le sens de la vie, pourquoi ne donneriez-vous pas dès à présent un sens à votre vie. Vous pensez avoir le temps et vous agissez comme si vous n'alliez pas mourir. Pourtant, vous allez mourir, tout comme moi ! Cette idée n'est pas pire que celle de se dire : « Je n'ai qu'une vie et je suis en train de la gâcher. » Croyez-moi, il n'y a rien de plus terrifiant que de vivre dans le regret de ne pas avoir accompli sa mission. La mission peut être une vocation, un idéal de vie, une passion... elle est l'orientation profonde de l'âme, le but de votre présence sur la terre. Par ignorance, par faiblesse ou par paresse, l'individu peut s'écarter de sa mission. Cet éloignement est source d'insatisfaction et de stress car en bifurquant volontairement ou involontairement de son aspiration profonde, l'homme se coupe de lui-même.

Puis inexorable, vient le jour où sonne pour toi
l'heure de te retirer de cette scène,
et tu t'en vas les mains vides,
vides de l'essentiel, [...]
Faute d'un enseignement adéquat
faute donc de savoir ce qu'il en est de toi-même
en vérité,
tu t'en vas
toujours captif de ta méprise,
toujours enlisé dans ta confusion,
toujours plongé dans ta dualité,
tu poursuis ta course folle,
tu poursuis ton errance.

Paul de Séligny

Si votre vie vous paraît difficile ou ennuyeuse, quel genre de vie souhaiteriez-vous avoir ? Qu'est-ce qui vous empêche d'en changer ou de modifier certains éléments pour vous sentir mieux ? Qu'est-ce qui permettrait de réaliser vos projets ? Qu'avez-vous fait dans le passé ou que n'avez-vous pas fait, que vous regrettez ? Est-ce irréversible ? Quelle image auriez-vous de vous-même si vous passiez à l'acte ou si vous persistiez à vivre sans rien changer ?

Quels sont les aspects de votre vie qui vous rendent heureux : vie professionnelle, familiale, sociale, personnelle ? Ceux pour lesquels vous êtes insatisfait ? De quoi êtes-vous fier ? Existe-t-il un écart important entre votre vie extérieure et votre richesse intérieure ?

Donner un sens à sa vie passe par la réflexion sur l'essentiel : vos idéaux, vos valeurs et vos motivations. Au seuil de la mort ou à des périodes existentielles comme la quarantaine ou la retraite, sonne l'heure des bilans où vous analysez vos choix.

Le constat sera positif si votre vie est en cohérence avec votre projet de vie. Si par exemple, votre mission s'articule autour de l'amour, le fait d'avoir fondé une famille qui vous témoigne en retour de l'amour, qui partage vos valeurs, qui s'implique auprès des autres comme vous le faites pour faire un monde meilleur, vous donne un sentiment d'accomplissement.

Le bilan sera amer :
– si vous avez fait des compromis comme par exemple enseigner la littérature à la place d'exprimer directement votre créativité dans l'écriture ;
– si vous avez écouté votre ego qui a favorisé la réussite sociale aux dépends de votre « vrai Moi » ;
– si vous vous êtes soumis au choix de vos parents ou d'une communauté en désaccord avec vos aspirations personnelles ;
– si vous ne vous êtes jamais interrogé sur le sens que vous vouliez donner à votre vie ;
– si vous vous êtes détourné de votre appel intérieur à cause du manque de confiance en vous ;
– si vous avez essayé puis renoncé à cause d'obstacles réels ou imaginaires.

Vous êtes dans votre mission lorsque vous vous sentez accompli. Vous n'y êtes pas parvenu lorsque vous ressentez de l'insatisfaction, de l'ennui et le sentiment d'être déçu de la vie. Dans le calme et la solitude, songez à votre enfance, à votre adolescence et à votre vie d'adulte (selon votre âge, par tranche de 5 ou 10 ans). Pensez à vos attentes et à vos expériences passées dans chacune de ces tranches de vie. Quels sont les rêves que vous avez réalisés et pour lesquels vous avez connu la joie, l'enthousiasme et un inestimable épanouissement ? Quelles actions avez-vous menées à ce moment-là ? Quelle satisfaction avez-vous connue ? Pour quelles raisons, vous êtes-vous senti comblé ? Pourquoi n'en avez-vous pas fait votre mission ? Ont-ils la même importance pour vous aujourd'hui ? Quels sont ceux que vous avez abandonnés et que vous regrettez ? Que vous les ayez vécus partiellement ou pas du tout, laissez monter en vous l'appel de votre âme. Écoutez-vous et laissez-vous guider par votre « vrai Moi ». Puis, engagez-vous sur le chemin du changement car il n'y a pas d'âge pour accomplir votre mission ! Il est toujours possible de suivre une autre route. Désormais, chaque acte de votre vie vous reliera à l'univers et votre vie trouvera son vrai sens.

Savoir dire « non »

Savoir dire « non » aux pratiques addictives, à des invitations qui surchargent votre emploi du temps surbooké, au harcèlement… garantit votre bien-être.

Pour ne pas réveiller le besoin impérieux de consommer un produit générant de la dépendance, la seule solution est la non-consommation totale. La volonté si souvent évoquée n'est pas la solution à l'addiction car à chaque rechute, la personne se culpabilise et son estime de soi diminue d'autant. La dépendance est une lutte intestine entre le soi qui veut s'en sortir et le soi « accro ». Il faut savoir reconnaître sa difficulté à s'en sortir seul et chercher de l'aide parce que seul on n'arrive pas à arrêter. Par la solidarité humaine et l'expérience d'anciens dépendants, les associations comme « les Alcooliques anonymes » accompagnent la personne qui a décidé de mettre fin à cette spirale infernale. Cette phase est très difficile car l'alcoolique doit passer d'une vie à une autre, d'une marginalité à une autre (abstinent dans une société de buveurs) et au moindre problème, il existe un risque élevé de récidive. De plus les tentations sont partout : dans la famille, à chaque coin de rue, dans les grandes surfaces, dans les restaurants... et il est difficile de dire « non » à toutes ces personnes bien intentionnées qui savent dire « un petit verre n'a jamais fait de mal à personne ». Être soutenu par un groupe (il en existe pour de nombreuses addictions) et côtoyer des anciens dépendants qui n'ont jamais replongé entretient la force de vous libérer. Oser parler de vous avec des ex-dépendants est déjà une reconnaissance de votre asservissement, une sortie de l'isolement et une expérience partagée. L'appartenance à un groupe qui vous comprend permet de guérir.

Le « non » vous protège également des envahisseurs qui vous font miroiter le prestige social en entrant dans un club pour lequel vous n'avez aucune attirance, des collègues de travail qui se déchargent de leur trop plein de travail sur vous, de vos parents ou beaux-parents qui s'invitent sans arrêt et/ou qui vous téléphonent à l'heure des repas, des amis qui vous confient leur fils, leur chien, à tout propos... Le non vous rend l'espace dans lequel vous étouffez progressivement. En l'utilisant, vous dépassez vos croyances qui vous ont condamné au « oui » de peur d'être jugé égoïste ou impoli par les récepteurs du refus.

Le « non » est une affirmation de soi. Il impose le respect de l'autre. Il est une fin de non-recevoir au chantage sexuel et marque la frontière de votre intimité. C'est encore lui qui vous permet de défendre un point de vue différent. Le non vous permet de passer du statut de victime à celui de guerrier pacifique responsable, c'est-à-dire qui se bat dans la non-violence et assume ses actes.

Le « non » démarque vos propres désirs de ceux des autres. Apprenez à accepter ce qui vous fait plaisir et à refuser ce qui vous ennuie ou vous déplaît.

Prendre conscience des occasions de stress

Trouver une issue au mal-être est possible, cela demande de prendre conscience de votre stress pour pouvoir agir. La tendance naturelle est la résistance au changement par peur, par paresse ou toute autre raison. Pourtant, sachez qu'en vous attaquant au stresseur, vous remédiez au problème. En étant attentif à vous, vous découvrirez l'énergie et des ressources que vous ne soupçonnez pas. Les quelques exemples suivants démontrent l'importance de l'action personnelle :

Les occasions de stress dues aux relations avec les autres

Par nature l'homme est un être social. Il a besoin d'appartenir à un groupe et de partager des sentiments affectifs. Si vous craignez de ne pas être aimé, vous risquez inconsciemment de baser vos échanges sur de faux-semblants dans le but d'être accepté. Or, seul le dialogue dans l'authenticité de votre être crée des relations sincères. L'image de soi qui dépend directement de celle des autres vous fait vivre constamment dans le stress de plaire ou de déplaire. Plutôt que de réagir en fonction des autres, osez être vous-même.

Si votre manque de confiance en vous fait que vous vous sentez écrasé par les autres, commencez par vous traiter avec respect et dignité afin que les autres en fassent de même à votre égard. Vous devez garder présent à l'esprit qu'il existe une réciprocité dans vos interactions avec autrui. Votre comportement peut provoquer chez les autres une réponse négative à votre égard (rejet, critique, conflit…) Lorsque l'on vous conseille, êtes-vous immédiatement sur la défensive en croyant à la critique ou êtes-vous ouvert à la gentillesse de l'autre ? Ressentez-vous le besoin immédiat de vous justifier ? Qu'attendez-vous des autres ? De quelle manière vous adressez-vous aux autres ? Avez-vous besoin d'avoir le dernier mot ? En quoi est-ce que votre comportement sert votre besoin de sécurité, d'amour ou de contrôle ? Quel risque votre comportement agressif vous permet-il d'éviter ?

La connaissance de soi favorise la connaissance d'autrui. La différence de croyances, de culture et de valeurs fait que chacun a sa vision du monde qui doit être respectée tout comme vous aimez que l'on respecte la vôtre. Avez-vous des préjugés, des réticences à l'égard de certaines personnes, groupes ou communautés ? Qu'avez-vous besoin de ressentir ou d'avoir comme preuves pour savoir si une personne est digne de confiance ? Attendez-vous de l'amour qu'il règle tout ?

Vos réponses permettent de comprendre le rôle que vous jouez dans la difficulté relationnelle. Pour que les autres ne soient pas des stresseurs, il faut aussi transformer votre comportement à leur égard et reconnaître votre part de responsabilité dans les difficultés relationnelles.

Les occasions de stress dues au travail

Non seulement le travail n'a pas toujours eu de valeur mais son origine latine *tripalium* évoque un instrument de torture. Réservé aux esclaves chez les Grecs, le travail avait une valeur négative pour l'homme libre qui devait se consacrer aux œuvres de l'esprit. Le christianisme va l'associer à la conséquence du péché d'Adam et Ève où Adam se voit « condamné à gagner sa vie à la sueur de son front ». Ce sont les protestants qui vont faire du travail, une manière de gagner son salut : un effort contre une récompense. Avec les moines, le travail devient synonyme de vocation : toute personne est appelée à remplir une mission. Jusqu'au milieu du XIXe siècle, le travail pour la majorité du peuple était de nature agricole et la survie dépendait de la propriété ou de l'accès à la terre. Avec l'industrialisation, le travail devient une force au service de la productivité et le salaire devient nécessaire à la survie. De nos jours, le travail est une composante du temps humain. Il a une valeur plurielle pour l'individu. Il est source de revenus (pour satisfaire des besoins), gage d'identité (je suis plombier, médecin, infirmière…), de dignité (je suis respecté parce que je joue un rôle socio-économique), de liens sociaux et d'épanouissement personnel (je suis reconnu, je me réalise dans mon travail). Les catégories les plus aisées et les plus diplômées perçoivent le travail comme une composante du bonheur. L'entrée dans la vie professionnelle est encore considérée par les jeunes comme un élément de passage à la vie d'adulte, un moyen de gagner sa vie, de s'insérer socialement et de se réaliser personnellement. Les jeunes valorisent la dimension relationnelle du travail et veulent s'investir dans un emploi qui leur procure du plaisir et la reconnaissance de leur potentiel sans pour autant surinvestir l'attachement au travail par rapport à d'autres sphères de l'existence. Ils accordent une importance équivalente à la vie personnelle, familiale, sociale et professionnelle.

La mondialisation a introduit de nouvelles compétitivités et s'est accompagnée de méfiance à l'égard de l'entreprise lorsqu'elle ne recherche que le profit. La concurrence devenue internationale doit placer l'innovation comme prioritaire dans la nouvelle donne économique. La compétence professionnelle, la motivation des salariés et la créativité enrichissent l'entreprise d'une manière plus pérenne que la recherche constante d'une main-d'œuvre bon marché.

Les stresseurs actuels sont les conditions de travail, les nouvelles organisations liées à la compétition internationale, les menaces de plans sociaux, l'exclusion, la précarité et la difficulté des rapports humains (harcèlement, mépris, conflits…).

La nécessité de travailler pour avoir des ressources financières pousse certaines personnes à exercer un travail qu'elles n'aiment pas. Elles finissent par se résigner mais n'en restent pas moins insatisfaites. Si vous avez l'âme créative et que votre travail est administratif, si vous avez le sens du contact et que vous êtes devant un ordinateur à taper des rapports, si vous êtes manuel et que votre travail est purement intellectuel, vous n'êtes pas dans votre mission. Ce décalage entre votre vocation et votre poste est une source de mal-être. À long terme, cette inadéquation va générer de l'insatisfaction et du stress car le travail n'est pas qu'une source de revenus et de sécurité matérielle.

Le travail doit être aussi l'occasion d'exprimer vos talents, votre créativité et contribue pour une large part à donner un sens à votre vie. Il faut savoir identifier vos ressources (aptitudes, formation, expérience) pour les utiliser à bon escient et faire en sorte qu'elles soient conformes à votre métier. Examinez la manière dont se déroule votre journée de travail. Avez-vous le sentiment de travailler dans le plaisir ? De vous accomplir ? Que pouvez-vous améliorer ou changer ?

Diminuer son stress demande d'agir sur le stresseur. C'est précisément là que le bât blesse car il est parfois plus facile de se plaindre d'une situation que de la transformer. Il existe de multiples raisons pour ne pas passer à l'acte et les exemples d'échec ne manquent pas pour apporter des preuves aux arguments de l'inertie. Ainsi de nombreuses personnes hésitent à démissionner même avec une promesse d'embauche par peur de la période d'essai. S'il est vrai que tout changement comporte un risque, ne faut-il pas le prendre pour se sentir mieux ?

Moins vous agirez et moins vous aurez l'audace d'agir. Songez à votre travail, à ce que vous auriez pu faire différemment. Quels résultats auriez-vous obtenus en agissant ? Quels sentiments positifs à votre égard auriez-vous développés ? Avez-vous des regrets ? Et si vous exerciez un métier qui vous plaise, qu'arriverait-il ? Travail et argent sont étroitement liés. Est-ce que la peur de manquer d'argent fait naître de la panique en vous ?

Si vous êtes confronté à l'épuisement professionnel, il est temps de dresser un bilan entre vos attentes en début de carrière et la satisfaction que vous donne votre poste actuel. Considérez-vous votre emploi comme un fardeau ? Quels objectifs n'avez-vous pas atteints ? Pour quelles raisons ? Vos ambitions sont-elles démesurées ? Avez-vous la formation et les compétences souhaitées ? Avez-vous l'impression d'être dépassé ? Quels besoins ont-ils été négligés ? En quoi êtes-vous responsable ? Quel changement positif préconisez-vous ? Pouvez-vous réduire votre durée de travail et consacrer plus de temps à vos loisirs ? Avez-vous la possibilité de vous fixer des objectifs plus réalistes ? Pouvez-vous modifier certaines de vos conditions de travail ou habitudes ? Il est important de redéfinir les aspects positifs de votre métier et d'arrêter de ressasser le négatif. Si vous ne trouvez plus d'avantages à votre travail, il est temps de réévaluer vos priorités professionnelles et d'envisager une reconversion.

Si vous venez d'être licencié, sachez que perdre son travail ne constitue pas une honte même si vous avez le sentiment d'une attaque à votre encontre. Si le licenciement est de nature économique, même si la période de chômage est très difficile, vivez-la comme un défi à relever et non comme un échec personnel. Pouvez-vous envisager une nouvelle formation ? Un métier qui vous plaise davantage ? Changer de travail est normal dans notre société. Désormais, la stabilité professionnelle est exceptionnelle. Croyez en vous et osez faire votre promotion auprès d'autres employeurs. L'important n'est pas de vous désespérer mais de faire de ce licenciement une nouvelle chance et de le convertir en une opportunité. Cette expérience vous donne l'occasion de faire le point sur vos capacités, vos qualités et vos réelles aspirations.

Si le licenciement a une origine personnelle, il est essentiel de comprendre les raisons qui ont motivé votre employeur à se séparer de vous. Si vous reconnaissez votre responsabilité, cette réflexion vous permettra de vous remettre en cause pour ne pas reproduire la même chose chez un autre employeur. Si vous croyez à un licenciement sans cause réelle et sérieuse, ne souffrez pas de la perte de votre emploi, cette entreprise n'en vaut pas la peine. Cherchez-en une qui ait le sens des valeurs !

Chacun aspire à des conditions de travail favorables et à un emploi qui procure un salaire satisfaisant, un plan de carrière et un environnement agréable et sécuritaire. Pour bien démarrer dans un nouveau poste, il est important de comprendre votre tâche, vos responsabilités, vos limites et le fonctionnement de l'équipe et de l'entreprise. Vous vous sentirez pleinement intégré lorsque vous aurez le sentiment d'appartenir au groupe, de vivre la solidarité et l'entraide, de vous sentir reconnu et respecté. La convivialité, le partage de valeurs communes et des relations agréables entre collègues sont autant d'antidotes au stress. Enfin, le sens de son travail donne à la personne un sentiment de compétence, d'utilité et d'efficacité personnelle.

Les occasions de stress dues au changement
La vie est faite de bouleversements voulus ou non et teste votre capacité à trouver un nouvel équilibre. Le changement géographique (déménagement), social (ascenseur social), intime (séparation, divorce, deuil, naissance d'un enfant, mariage...) ou professionnel (promotion, mutation, changement de métier, d'entreprise...) demande des réajustements de votre manière de vivre. Le changement est vécu différemment selon :
– son importance critique, modérée ou faible ;
– votre perception sceptique, douloureuse ou confiante ;
– ses conséquences désirables ou intolérables ;

– s'il est isolé ou en cascades : par exemple, divorcer en plus du déséquilibre affectif peut entraîner une perte d'argent et un déménagement ;
– si vous le subissez ou si vous en êtes le moteur ;
– la taille des obstacles à surmonter.

La solution de facilité consiste à imputer votre souffrance à des causes extérieures (les autres, la chienne de vie, la faute à pas de chance...) Or, ces épreuves vous dévoilent à vous-même, vous invitent à corriger vos erreurs et à prendre en considération vos défauts. Sachez les transformer en opportunités. Demandez-vous : « Et si ce qui m'arrive était en réalité une chance ? »

Une rupture affective ou une infidélité peut vous faire éprouver de la tristesse, de la colère, du désarroi... Au-delà de la douleur de l'ego, sachez trouver le message que délivre cette expérience sur votre vision de l'amour (je reçois plus que je ne donne), votre attitude dans le couple (je suis égoïste, tyrannique...), vos attentes (je suis trop exigeant, trop dépendant...)

Lorsque les changements sont nombreux au cours d'une année, on a de fortes chances d'être stressé. Pour les contrebalancer, n'hésitez pas à puiser dans les ressources extérieures : le soutien de votre famille, de vos amis, un emploi satisfaisant... et dans vos ressources intérieures : optimisme, confiance en vous, intelligence...

Les occasions de stress dues au temps

En manquer et exécuter toutes les tâches dans la précipitation, en avoir trop et s'ennuyer, en avoir pour les autres mais pas pour vous, tel est le stresseur temps.

Le temps est une véritable machine à stress. « Ici et maintenant » est une expression utilisée par les psychothérapeutes qui ramène l'esprit au temps présent et enraye le mécanisme infernal des pensées automatiques. Avez-vous remarqué que lorsque vous êtes en train de faire une activité, vous ne pouvez pas vous empêcher de vous projeter dans le futur ou de la comparer avec le passé en oubliant de profiter pleinement de l'instant ? Comme il est dommage de gâcher une soirée entre amis en songeant aux tâches professionnelles du lendemain ! Donnez du sens au moment présent en le vivant intensément.

Le vécu de l'instant présent permet aussi de lutter contre toutes les addictions en vous mobilisant sur le moment. Il est plus facile de se dire, je ne vais pas fumer pendant une heure, puis une autre et de tenir ainsi.

Les occasions de stress dues au temps s'articulent souvent autour du manque d'organisation, du désordre, du vouloir tout faire… Or, gérer votre temps, c'est :

– Planifier : programmer vos différentes activités, organiser votre agenda en étant attentif à la durée, aux déplacements et à une certaine marge qui évite de vous stresser inutilement en craignant d'être en retard.

– Être rangé : le désordre rime souvent avec énervement et recherche d'un papier ou d'un objet perdu (comme les clés ou le téléphone portable).

– Savoir déléguer au sein de la cellule familiale ou au travail : vous pouvez confier certaines tâches à d'autres, en leur faisant confiance. Déléguer ne consiste ni à vous décharger de corvées ingrates ni à tout contrôler pendant l'exécution. La personne mandatée doit être capable de remplir la mission assignée.

– Temporiser entre l'urgent et l'important. Certaines activités même importantes peuvent attendre. Lorsque l'urgence devient le facteur déterminant de votre vie, vous alimentez votre stress et celui des autres. Le fait d'être sans cesse sous la pression du temps, vous fait perdre de vue votre objectif principal.

– Prendre en compte vos rythmes et votre horloge biologique.

– Vous accorder du temps personnel, pour une activité de votre choix qui vous permettra de décompresser et de vous faire plaisir.

Une bonne gestion du temps exige d'établir des priorités. Réfléchissez à ce qui passe en premier dans votre vie pour y consacrer du temps et votre énergie.

Positiver votre stress en utilisant l'énergie générée

Le stress ressenti par les élèves lors des examens comprend à la fois la peur de ne pas savoir répondre aux questions posées, de tomber sur un sujet difficile, inconnu (impasses) ou mal compris en cours, ou encore la crainte de ne pas être reçu. Un travail régulier tout au long de l'année, une révision entrecoupée de moments agréables (sport, visites amicales) et une bonne hygiène de vie sont des atouts considérables pour réussir, tout comme le trac qui pousse les candidats à se dépasser le jour J. Au lieu d'échafauder des scénarios catastrophes, utilisez la visualisation positive. Les yeux fermés dans un endroit silencieux, imaginez chaque étape favorablement, votre entrée dans l'établissement, votre installation, la remise des sujets, votre capacité à y répondre. Pour bien vous relaxer il faut être dans un état de détente mentale afin de laisser émerger des images positives et de libérer votre esprit de toutes préoccupations. Répété de manière intensive, cet exercice aura un effet conditionnant sur l'organisme, qui sera plus apte à se conformer au scénario que vous avez élaboré. En visualisant des images positives, vous neutralisez les effets négatifs du stress. La visualisation est cette aptitude mentale à pouvoir représenter par l'esprit un objet, une situation, une émotion ou une sensation dans l'objectif d'atteindre un but. Le principe de la visualisation est de recourir à l'inconscient et à la capacité de l'organisme de connaître ce qui est bon pour lui. Ainsi, elle devient une mémoire pour le corps et l'esprit qui la considèrent comme une expérience vécue. L'imaginaire est un levier agissant puissant car il a la même force que la réalité. La visualisation peut être utilisée dans toutes les conjonctures de stress et pas seulement pour les examens ! Lorsque vous sentez monter en vous la colère, la nervosité, la peur, visionnez sur votre écran intérieur une image de calme, de paix, de courage pour vous enraciner dans le positif. Aucune tempête ne pourra alors vous détruire.

Le stress est constructif parce qu'il est mobilisateur. Il stimule tous vos organes, met vos sens en alerte, votre créativité et votre intuition en éveil. Cette énergie a la même force utile dans toutes les circonstances de la vie, alors au lieu de la laisser se transformer en gaz paralysant, utilisez-la pour vous *booster*! Elle va donner à votre mental: combativité, motivation, contrôle des émotions et confiance en soi. Alors pas question de lutter contre le trac, acceptez-le et utilisez-le en énergie positive.

Pour apprivoiser le trac au moment où la situation le met en branle, résistez à la tentation de vous observer. Respirez lentement, profondément et libérez vos gestes. Ne croisez pas les bras ou les mains sur votre ventre.

Choisir une meilleure hygiène de vie

L'hygiène de vie est un ensemble d'habitudes destinées à préserver votre santé et à contribuer à votre bien-être.

Vous veillez à *votre équilibre alimentaire* en apportant à votre organisme une nourriture saine et variée. Vous mangez en fonction de votre âge, de votre sexe et de vos activités physiques. Vous prenez le temps de déguster vos trois repas, celui du soir étant le plus léger. La consommation de poissons riches en oméga 3 tels que le saumon, le thon, les sardines... apporte des acides gras qui sont d'excellents antidépresseurs et régulent les troubles de l'humeur. Vous buvez de l'eau, en quantité suffisante (de 1,5 à 2 litres/jour) afin d'éliminer les déchets, les toxines du corps, de reconstituer le liquide et les sels minéraux perdus par la sueur et les urines. Il est bon d'avoir des horaires réguliers pour les repas et le coucher.

Les périodes d'éveil et de *sommeil* sont naturellement sous la dépendance du jour et de la nuit, ce qui pose des problèmes pour les travailleurs et les voyageurs soumis à d'importants décalages horaires. L'horloge biologique est un mécanisme régulateur et programmateur qui gère les différentes tâches des êtres vivants en fonction de facteurs environnementaux comme l'ensoleillement, la température, la lune… Elle gouverne vos activités physiques, sexuelles et intellectuelles, vos besoins alimentaires, votre sommeil et leur espacement dans le temps. L'être humain passe un tiers de sa vie à dormir ce qui lui donne parfois le sentiment d'une perte de temps. Or, il est essentiel de bien dormir pour être en forme car le sommeil a une fonction de récupération. La durée du sommeil est variable d'un individu à un autre et évolue en fonction de l'âge. Il n'y a pas de durée idéale hormis celle où vous vous réveillez frais et dispo. Pour favoriser le sommeil, il est préférable de dormir dans un endroit calme et pas trop chaud, humidifié (pensez au verre d'eau près du radiateur), un matelas dur pour éviter les problèmes dorsaux, les pieds relevés pour la circulation, sans oreiller pour éviter les torsions du cou et dans des vêtements larges. L'endormissement est favorisé par des rituels qui calment : musique douce, lecture d'un livre… L'exercice physique pratiqué dans la journée aide à vaincre l'insomnie. Les repas copieux et alcoolisés, les boissons à base de caféine, les jeux vidéo, les films violents ainsi que la pensée de vos préoccupations ou soucis nuisent à l'endormissement. La sonnerie du réveil est stressante surtout lorsqu'elle perturbe le cycle du sommeil car une nuit de sommeil n'est pas une simple mise au repos du corps. C'est une suite de 4 à 5 cycles de quatre-vingt-dix minutes chacun qui sont eux-mêmes découpés en plusieurs stades et s'enchaînent tout au long de la nuit. Celui où vous rêvez s'appelle le sommeil paradoxal. Il est préférable de se réveiller sans réveil et de ne pas sauter du lit immédiatement pour aller prendre sa douche. Ces attitudes brutalisent le corps.

Les troubles du sommeil sont multiples. Le plus fréquent est l'insomnie. Elle est étroitement liée à l'anxiété comme les cauchemars et les terreurs nocturnes. Les insomniaques se plaignent d'irritabilité, de fatigue, de difficultés de mémorisation et de concentration. Avant de recourir aux somnifères, il est bon d'essayer la relaxation.

Faites du sport. L'exercice physique est essentiel pour votre santé et trop souvent délaissé au profit de la télévision et de l'ordinateur. Le sport joue un rôle prépondérant pour atténuer les effets du stress. Pendant l'effort, vous vous coupez de vos soucis, vous vous sentez physiquement exister et vous vous consacrez du temps. Votre corps musclé revalorise l'image de soi. Le sport procure du plaisir grâce aux endomorphines sécrétées pendant l'endurance qui *boostent* votre mental. Il libère l'agressivité, stimule la compétitivité, enseigne la défaite et la persévérance, développe l'esprit d'équipe, le respect de l'autre et des différences. Se dépasser dans un sport favorise la confiance en soi et aide à surmonter les stresseurs. Vous choisissez un sport en fonction de vos possibilités physiques, financières et du contexte psychologique. Certains préfèrent le sport collectif, d'autres le sport en duo (tennis), d'autres encore aiment mieux marcher, courir ou faire du vélo en solitaire.

Votre bien-être et votre santé dépendent de votre style de vie. C'est une conquête quotidienne. Ils se construisent par la prévention: bonnes habitudes alimentaires, régularité des repas, exercice physique, hygiène bucco-dentaire et corporelle, sommeil, rejet ou abandon des substances toxiques.

Mettre en éveil tous ses sens et goûter au plaisir de la vie

La dépression est un état psychologique dans lequel la personne n'a plus goût à rien et ne trouve plus le moindre plaisir à la vie. Ce plaisir de la vie n'est pas comparable à celui obtenu à partir de la consommation, de la notoriété, du pouvoir et de la possession qui procurent seulement de la satisfaction.

Il est sensuel, intellectuel, physique, sexuel, moral (faire du bien, donner…). Il prend naissance dans la perception (je vois une belle rose), à travers les sens (je la respire, je la touche), dans les émotions (j'éprouve de la joie) et les souvenirs (occasions où l'on vous en a offert une) et s'imprègne dans la mémoire. Le plaisir se vit dans l'instant à travers des occupations (jouer avec un enfant, coudre, jardiner, courir), dans l'action bien faite, grâce aux sens (écouter de la musique, regarder une œuvre d'art) ou encore dans le goût de soi (avoir conscience des effets du dehors sur le dedans).

Le moindre petit plaisir est un excellent anti-stress (marcher pieds nus, admirer un paysage, rire avec une amie, fermer les yeux et rêver, prendre un bain…). Il faut apprendre à vous autoriser des petits plaisirs sans vous culpabiliser. Vous ne perdez pas votre temps, vous gagnez en bien-être et en équilibre. De plus, lorsque vous exécutez une tâche avec plaisir, votre niveau de stress se trouve diminué et votre énergie décuplée. Le plaisir des sens, concerne autant la vue, que l'ouïe, le goût ou le toucher. Jouir davantage de vos sens développera votre sensibilité, votre réceptivité, votre créativité et l'expression de vos émotions... Le plaisir sert et entretient aussi la relation conjugale. La sexualité addictive ne fait que prendre, posséder, alors que l'homme ou la femme amoureux donne du plaisir à l'autre.

Manger en ayant une conscience centrée sur le plaisir (des saveurs délicates, de la convivialité, une belle présentation...) évite d'avoir ou d'entretenir une mauvaise relation à la nourriture. La dégustation en privilégiant la qualité plutôt que la quantité ne fait plus de la gourmandise un vilain défaut. Seule l'insatisfaction mène à l'excès. La société met beaucoup de stress dans notre assiette en tenant un discours culpabilisateur sur la nutrition. Dire à un enfant : « les légumes verts c'est bon pour ta santé » ne lui éduque pas le goût. Manger est le premier plaisir du bébé et souvent l'un des derniers de la vie d'un homme, cela mérite une attention toute particulière.

Andrew Steptoe et ses collègues du University College de Londres (A. Steptoe et al., *Proceedings of the National Academy of Science*, vol. 22, 2005) ont soumis deux cents Londoniens âgés de 45 à 59 ans à de nombreux tests et analyses biochimiques.

Les résultats ont montré que ceux qui éprouvent le plus de joie au quotidien sont aussi ceux dont les fonctions biologiques fonctionnent le mieux. Ils ont le plus bas niveau de cortisol, leur rythme cardiaque et leur pression artérielle sont meilleures et ils présentent le moins de risques d'accident cardio-vasculaire.

Alors, n'hésitez plus, faites ce que vous aimez dès maintenant !

Ouvrir son cœur,
recevoir et donner des signes de reconnaissance,
pardonner et pratiquer l'empathie

Les échanges amicaux permettent de vous sentir compris, apprécié et écouté. Les réactions vis-à-vis de vos attitudes, de vos idées vous guident dans votre rencontre avec vous-même.

Les amis vous donnent un certain sentiment de sécurité. Ils sont la famille que vous avez choisie. Vous savez qu'en cas de coup dur, vous pouvez compter sur eux. Pas sur tous, car après certaines déceptions, vous accordez plus difficilement votre amitié. Tant mieux ! Là aussi, la qualité prévaut sur la quantité, ne craignez pas les mauvaises expériences qui mettent à jour votre discernement. Les défaillants au moment de vos difficultés n'étaient pas de vrais amis. Comme dans une relation, il faut être deux, vous devez assumer la moitié de la responsabilité de l'échec. Choisir ses amis est différent de s'entourer de relations pour ne pas se sentir seul ou de profiter de la notoriété qu'ils peuvent vous offrir. La véritable amitié est éternelle : elle se moque du temps et de l'espace. Vous pouvez vous installer à l'autre bout de la planète, rester des mois sans nouvelles et par un simple coup de fil, l'amitié est là dans l'attente de se donner. C'est vrai, mais il est important aussi d'entretenir l'amitié, de donner de votre temps et de votre personne pour construire pleinement la relation. En donnant, vous recevrez.

La trahison est un stresseur d'importance. Pour l'oublier, on tente de la rationaliser (« ce n'était pas quelqu'un de fiable ») ou de la normaliser (« les vrais amis se comptent sur les doigts de la main »). La douleur s'accompagne de blâme contre soi-même (« s'il m'a trompé, c'est que je n'étais pas à la hauteur »). La tentation est grande de rester dans ce rôle de victime («pourquoi m'a-t-il fait une chose pareille?).

En entretenant la rancœur, vous alimentez votre stresseur et restez sous sa tyrannie. Vivre en colère demande beaucoup d'énergie et entretient un stress constant. Chaque fois que vous pensez à celui qui vous a trahi, vous revivez les mêmes douleurs et les mêmes émotions sans obtenir pour autant de soulagement. Un tel ressentiment vous enchaîne au passé. La guérison passe par *le pardon*, même si vous pensez «pardonner, jamais!». Pardonner ce n'est pas oublier le mal que l'on vous a fait, car oublier serait entretenir un mensonge: («il ne s'est rien passé, je suis le même qu'avant»). Faux. Vous êtes cruellement blessé et désormais sur vos gardes. C'est le pardon qui aide la mémoire à guérir peu à peu en lâchant prise, car le ressentiment vous emprisonne dans la douleur. Lorsque vous pourrez vous souvenir sans souffrir, vous pourrez passer à une autre histoire d'amour ou d'amitié. Le pardon est plus un acte d'avenir qu'un acte qui efface le passé. L'expérience vécue vous amènera à réviser la qualité de vos relations. Le pardon permet de vous libérer, il recrée l'amour et redonne vie.

L'empathie est un mode de connaissance volontaire de l'autre qui repose sur la capacité à s'identifier à lui et à percevoir ses émotions tout en étant conscient qu'il s'agit de son expérience. Si l'autre est votre semblable, il n'est pas identique à vous. Par conséquent, l'empathie est fondée sur la faculté d'entrer en résonance avec l'autre afin de saisir ce qu'il vit émotionnellement et la manière dont il se représente la situation évoquée. L'empathie se distingue de la compassion qui touche l'interlocuteur à son tour dans ses émotions personnelles : en souffrant par exemple comme l'autre. L'empathie se manifeste en mettant des mots sur l'émotion de l'autre («il est triste, en colère»), en comprenant son point de vue et en le reformulant («si je te comprends, tu lui en veux de t'avoir menti»).

Dans les difficultés de la vie, l'amitié ou l'amour donnent un sentiment de sécurité et de valeur personnelle nécessaires au dépassement des épreuves. Se sentir compris dans ses angoisses ou ses peines facilite la guérison en augmentant l'estime de soi («l'autre me comprend sans me juger») et en permettant l'expression extérieure de maux intérieurs («c'est vrai que derrière ma douleur se cache ma peur d'être abandonné»). Cette écoute véritable donne un sentiment de compréhension.

Accueillir la foi ou la spiritualité

Tout être humain vit avec des certitudes qui le rassurent parce qu'il a besoin de se représenter le monde et d'y trouver sa place. La foi doit-elle être considérée comme une croyance parmi d'autres, c'est-à-dire une illusion supplémentaire ? Est-elle comparable au mythe relatant une histoire sacrée qui a eu lieu au commencement du monde pour mieux expliquer son origine ? Permettait-elle d'apaiser les incertitudes humaines ? Est-elle le fruit de la crédulité ou de l'imagination des hommes ? Pourquoi oppose-t-on sans cesse religion et sciences ?

Le sens de la vie conduit inévitablement à la question de l'existence ou non d'une Puissance supérieure créatrice de l'univers. Penser qu'il existe une cause première à tout ce qui existe et le nommer Dieu n'est pas absurde. Aristote (384-322 av. J.-C.) disait même que l'absurde était de supposer le contraire. Le saut dans la foi, comme l'explique Pascal, est un pari où l'homme a tout à gagner et peu à perdre. Qu'en est-il pour vous ?

La pensée peut créer ou nier Dieu. On ne peut donc pas rencontrer Dieu dans la raison mais seulement dans le cœur. S'Il est la cause première de la création du monde, Il est extraordinaire, si bien que la rencontre entre Dieu et l'homme ne peut pas être ordinaire. Dieu n'est pas une force inconnue, il s'est révélé aux Hébreux et a envoyé son fils Jésus afin *« que tout homme qui croit en lui ne meure pas mais qu'il ait la vie éternelle »* (Jean 3, 16).

Croire signifie croire en Dieu, avoir confiance en Lui et avoir la conviction des choses que l'on ne voit pas, non pas sur la base d'une opinion intellectuelle mais sur celle de la foi. Croire c'est adhérer au message du Christ qui par sa mort et sa résurrection, révèle l'amour de Dieu et la vie éternelle. Si pour les sceptiques, avoir la foi correspond à un besoin de se rassurer sur l'au-delà, il est possible de leur opposer que la foi fait prendre des risques dans la manière de fonder son existence sur la confiance du lien entre Dieu et les hommes.

Ernst Cassirer (1874-1945) a su faire la distinction entre le mythe qui n'est que la projection de l'homme sur lui-même et la religion qui invite l'homme à se déplacer vers une réalité autre.

Des études statistiques ont démontré que les croyants étaient moins stressés que les non-croyants. Est-ce la promesse de la vie éternelle ou la réponse sur le sens de la vie qui explique ce résultat ?

Des chercheurs américains du Kentucky viennent d'établir que les personnes qui priaient, augmentaient leur espérance de vie de deux à trois ans. Dans une vision globale, l'homme qui vit dans l'essentiel ne subit pas la pression des tracas quotidiens et trouve du réconfort dans sa foi dans les moments difficiles. La foi est autant un appui intérieur qu'un réconfort extérieur au sein d'une communauté. Elle dépasse les croyances et la personnalité.

La foi mène l'homme à une vie intérieure emplie de Dieu, de plénitude et d'espérance qui l'affranchit de la solitude et du succès extérieur. En tant que fils de Dieu, le croyant trouve un sens à sa vie dans le don de soi, le pardon, l'amour et le partage. La société peut apporter un certain bien-être par ses accessoires mais ne fournit pas l'essentiel. La foi, quant à elle, apporte l'Essentiel.

La spiritualité signifie l'essence de l'esprit et ne s'enferme pas dans une religion particulière, elle est un lien intemporel entre l'homme et le Divin. Elle est une expérience intérieure et s'affranchit de toute organisation. Ce qui importe n'est pas la désignation de l'Être Absolu c'est l'élan du cœur, le lien entre « Celui qui est » et l'homme, le sentiment de la présence du Sacré. Toute vie spirituelle contient une victoire contre les contradictions, une transformation de l'être et une élévation.

> *« Plus haut*
> *Celui que j'aime vit dans un monde plus haut*
> *Bien au-dessus du niveau de l'eau*
> *Plus haut que le vol des oiseaux*
> *Et si je lui dis oui*
> *Il m'emmène avec lui… »*
>
> Michel Berger chanté par France Gall

D'autres outils de bien-être

Les méthodes de relaxation

La relaxation renforce la présence à soi, atténue l'angoisse et l'émotivité, incite à l'unité corps et esprit. La relaxation diminue l'intensité des réflexes jusqu'à les supprimer. Cette impression d'attention flottante apporte la paix, la sérénité et un sentiment bienveillant de présence à soi.

> – *La sophrologie*, fondée par Alfonso Caycedo, étudie la conscience humaine à partir des différents niveaux et états de vigilance pour aider l'individu à trouver l'harmonie entre son corps et son esprit. La sophronisation est l'exercice de base de la sophrologie : le sophrologue parle d'une voix lente et monotone, demandant à la personne de fermer les yeux et de ressentir progressivement toutes les parties de son corps. Son ton de voix, le *terpnos logos* (mode verbal doux, régulier, incitant à la suggestion) amène le sujet à entrer progressivement dans un état de relaxation profonde entre l'état de veille et de sommeil. La relaxation s'obtient grâce au relâchement musculaire et à la diminution de sa vigilance. Le choix de la technique s'établit en fonction du but poursuivi.
> La sophro-acceptation progressive aide l'individu à s'adapter à un événement futur. Le sophrologue invite le sujet à s'imaginer la situation qu'il souhaite maîtriser en la vivant positivement. La visualisation est très concrète et permet de percevoir l'épreuve (accouchement et examen par exemple) non plus comme menaçante mais comme porteuse d'une bonne nouvelle : un bébé ou un diplôme. Cette technique permet de vaincre les résistances et d'envisager la situation sous un angle positif.

La sophro-correction sérielle est conçue pour ceux qui souffrent d'angoisse dans des situations précises. Elle convient particulièrement aux phobies. Il s'agit de déconditionner la personne enfermée dans une peur irrationnelle. Peu à peu, le sophrologue remet l'individu en confiance face à la situation angoissante.

En ce qui concerne le stress traumatique, le sophrologue pratique la sophromnésie pour aider le sujet à exprimer le traumatisme, à accepter les événements qui l'ont marqué et à se défaire du système de protection mis en place. La sophromnésie s'efforce de faire revivre les souvenirs et les affects pour permettre à l'inconscient d'exprimer ses refoulements et de les faire remonter à la conscience.

La sophro-analyse ressemble à la thérapie psychanalytique.

Il existe d'autres techniques dont le choix est laissé à la discrétion du sophrologue. Ce dernier est en mesure de choisir celle qui est la mieux adaptée à la demande du consultant.

– *Le yoga* correspond à un ensemble de méthodes et de techniques physiques et mentales qui ont pour finalité de joindre les facultés et les énergies du corps et de l'esprit pour parvenir à l'être unifié. Cette idée d'unification intérieure est à la base du yoga. Les postures corporelles, la respiration et la prise de conscience de l'énergie vitale provoquent une connaissance progressive du schéma corporel. Elles favorisent le calme, cela peut aller de la simple détente jusqu'à la méditation, d'où une sensibilité moins grande aux aléas de la vie quotidienne.

– *La méditation* consiste à se plonger en soi dans le silence. Emporté par vos pensées et vos émotions, vous vous identifiez souvent à elles, en étant vos pensées et vos émotions. La méditation vous fait observateur de vos pensées, de vos émotions, et vous détache progressivement de l'ego. La méditation déconnecte le champ psychique de ses préoccupations et des pensées automatiques.

– *Le shiatsu* est une pratique énergétique élaborée dans la tradition du Japon. Son but est de rééquilibrer des circuits énergétiques et de gommer les tensions par des pressions sur les points d'acupuncture.

– *Le tai chi chuan*, entre méthode de relaxation et art martial, est une discipline qui serait née de l'observation d'un combat entre un oiseau et un serpent par un moine chinois mort au début de la dynastie Ming. Cette discipline évoque à la fois une danse lente et un combat au ralenti contre un adversaire imaginaire dans des gestes souples. Le mouvement souple et dynamique s'oppose à la force brutale. C'est une relaxation active, une méditation en mouvement, un moyen de transformation mentale qui cherche l'instant présent pour atteindre un état de paix intérieure tout en étant en mouvement.

L'activité complémentaire

Votre vie ne doit pas être exclusivement centrée sur le travail. Les loisirs apportent de la détente et renouvellent votre énergie. Pratiquez une activité complémentaire qui élargit vos centres d'intérêt: bricolage, photographie, jardinage... Jouer de la musique, aller danser, lire, faire de la photo, du modelage… permet de renouer avec votre corps et vos émotions. L'art est un moyen de dire l'indicible et de se raconter en exprimant autrement ses émotions, ses sensations et son imaginaire. La créativité donne un espace illimité à la croissance de l'être. Vous pouvez aussi rejoindre une association, un club, vous faire masser, sortir seul ou avec des amis (restaurant, théâtre, cinéma, musées…)

Le calme
Créez du calme par un environnement serein : couleurs douces, senteurs agréables, musique, fontaine… et sachez prendre du temps à ne rien faire, à fermer les yeux, à éteindre la télé et à vous reposer. La pause est une source de jouvence, sachez vous y désaltérer !

L'humour et le rire
L'humour et le rire sont de puissants instruments thérapeutiques, ils augmentent la tolérance à la douleur, libèrent les inhibitions, accentuent le taux d'endomorphines et sont des armes efficaces dans la prévention de crise cardiaque. Alors, riez de bon cœur !

CHAPITRE 5

NE PAS STRESSER LES AUTRES

L'histoire prouve qu'à travers les siècles et les différents continents de nombreuses personnalités ont aimé exercer unilatéralement le pouvoir. Des dictateurs au patriarcat, les relations humaines étaient basées sur la domination et le restent encore malheureusement dans de nombreux États. Bien que dans notre pays, la démocratie, les techniques de management et l'égalité des rôles dans la cellule familiale aient remplacé ces formes d'autorité absolue, les jeux de pouvoir perdurent et sont encore de nos jours, des stresseurs marquants. La puissance personnelle qu'offre le statut social et professionnel ou tout simplement son rôle de parent ne doit pas s'exercer dans l'oppression d'autrui. Il est possible de bâtir des relations harmonieuses où la position hiérarchique ou privilégiée ne génère pas de stress chez l'autre.

Ne pas stresser les autres, ne signifie pas pour autant éviter à tout prix le conflit car les désaccords familiaux ou collectifs ne sont pas des fléaux à éliminer. Les conflits sont naturels et nécessaires car ils mettent en avant les différences et les oppositions. Ils peuvent être source d'énergie nouvelle et de créativité. Lorsqu'ils apparaissent, il y a plusieurs manières de les traiter :

– *L'approche de l'autruche :* vous évitez le conflit en niant le problème ou en le minimisant. Vous ne voulez pas voir les difficultés.

– *L'approche perdant-gagnant :* vous cédez en sacrifiant vos opinions personnelles.

– *L'approche gagnant-perdant :* vous imposez votre solution en écrasant l'opposant par votre position hiérarchique ou votre statut de parent.

– *L'approche perdant-perdant :* vous faites des compromis, votre adversaire aussi. Cette démarche vous mène tous les deux à de l'insatisfaction, chacun d'entre vous ayant fait des concessions.

Ces quatre approches ne sont pas satisfaisantes car elles laissent toujours un perdant derrière elles. Seule l'approche gagnant-gagnant est à rechercher : chacun exprime son point de vue et explore les idées des autres comme de nouvelles pistes. Si l'un a formulé des reproches, l'autre ne se laisse pas emporter par ses émotions et les prend en considération pour en trouver les fondements.

Vivre en harmonie avec les autres suppose de s'ouvrir aux autres, dans l'acceptation des différences, loin du désir de sauvegarder coûte que coûte votre valorisation, vos opinions et votre territoire. La relation véritable n'est pas innée, elle requiert l'intention d'aller vers l'autre. La poignée de main est le premier signe du mouvement de l'un vers l'autre. Une communication réussie peut se réaliser dans le silence, dans le parler « vrai, juste et bon », dans le partage de points de vue différents sans jugements préconçus, dans la compréhension mutuelle, dans l'égalité que procure la fraternité humaine en faisant fi des diplômes, du poste occupé, de la couleur de peau, dans la complémentarité homme et femme...

Au sein de la famille

La première relation est celle du fœtus et de sa mère. Cette première expérience d'amour est aussi celle de la dépendance. Devenu adulte, l'être humain reste intimement persuadé que le véritable amour ne peut être que fusionnel. Mais il est illusoire et dangereux de le vouloir ainsi car cette pensée, le plus souvent inconsciente, exige de l'autre qu'il soit conforme à vos attentes et devienne une continuité de vous-même. Un plus un fera toujours deux et jamais un ! L'autre ne vous appartient pas, il n'est pas un objet de conquête, de plaisir, de valorisation, d'intérêt... Vouloir posséder l'autre, le garder pour soi (que ce soit votre conjoint ou votre enfant) engendre immédiatement du stress, aussi bien chez le dominant que le dominé. L'amour ne passe pas par le pouvoir sur l'autre.

Dans le couple
Le nombre de divorces vous apprend tous les jours que l'amour qui devait durer toute une vie dans

les liens sacrés du mariage a consommé le meilleur et n'a pas résisté au pire. Les conflits marquent l'installation du quotidien et la confrontation d'aspirations différentes. Chacun considère ses convictions comme des vérités à toute épreuve. Plutôt que de dialoguer sereinement avec l'autre, de montrer de la curiosité à son égard, on préfère imposer sa perception et amener l'autre à voir comme soi. Chacun veut que l'autre lui ressemble sous prétexte que l'amour est union. Chacun exige de la reconnaissance de la part de l'autre car elle le fait exister. Tout cela n'a rien à voir avec l'amour véritable. La preuve ? Si l'un des conjoints refuse d'adopter les pensées de l'autre, ce dernier considère qu'il s'oppose à lui.

L'amour véritable permet de dépasser son ego et de s'ouvrir à l'autre au-delà de ses propres intérêts. Dans l'amour, il y a don de soi, partage et respect de la différence sans exigence de retour. Aimer c'est accepter l'autre dans sa totalité. N'exigez pas de votre conjoint des changements radicaux sur ce qu'il est, ce qu'il pense, ce qu'il fait... De telles demandes renient l'autre. C'est à vous seul qu'il revient de modifier votre regard sur l'amour et la perception de l'autre car ce sont vos convictions qui vous limitent. Les différences nourrissent les deux partenaires. En les acceptant comme des capacités complémentaires au lieu de vouloir les transformer, vous additionnez vos richesses mutuelles au lieu de les soustraire.

Conscient de ce trésor, vous respectez l'autre dans vos échanges, ce qui exige de savoir :
– écouter, ne pas interrompre l'autre ;
– se mettre à la place de l'autre ;
– donner des signes de reconnaissance (sourire, approbation de la tête, corps penché vers l'autre...) ;

– pratiquer le questionnement ouvert pour mieux identifier la demande ou découvrir les non-dits ;
– reformuler c'est-à-dire à la fin de la conversation résumer les propos de l'autre pour valider votre compréhension et éviter tout malentendu ;
– lui faire part de vos émotions : « si je comprends bien tu es déçu, tu es en colère… ».

Le plus souvent, les reproches formulés au sein du couple sont basés sur l'incompréhension. Elle provient la plupart du temps de la difficulté de communiquer. Les hommes préfèrent l'action, utilisent le raisonnement logique et s'expriment de manière directe. Les femmes perçoivent le monde à travers leurs sensations et communiquent de manière indirecte. Elles considèrent que leur conjoint doit savoir décrypter leurs messages. Ainsi, lorsqu'une femme se plaint à son mari d'avoir écouté pendant deux heures les malheurs de sa collègue, elle s'attend à son admiration pour sa patience. Elle est fortement déçue lorsqu'il lui répond qu'elle aurait dû y mettre un terme.

Pour exprimer une attente à votre conjoint, *il ne faut pas l'accuser* « tu ne m'écoutes jamais, tu ne penses qu'à toi, tu ne m'aides pas ». L'utilisation directe de la deuxième personne du singulier aboutit à l'effet inverse de celui recherché. On dit que le « tu tue » car il provoque une réaction de défense chez le récepteur, donc de l'agressivité. Si vous avez besoin d'être compris, il ne faut pas à l'inverse se taire car le silence peut provoquer une accumulation de non-dits qui peut être une véritable bombe à retardement. Rien n'est plus dévastateur que des blessures non soignées. Elles alimentent des émotions négatives telles que la colère et la haine.

Vivez en étant authentique dans vos paroles, vos gestes, votre ton de voix, vos actes et vos pensées car la communication n'est pas simplement verbale. Si vous criez et affirmez en même temps que vous n'êtes pas en colère, vous aurez des difficultés à convaincre votre partenaire de votre sérénité. De même, si vous pointez votre index en avant, il associera vos propos à de la menace.

L'emploi d'expressions positives favorise la douceur des relations car elles appellent à la bienveillance et permettent de se passer de reproches. Ainsi, préférez dire « reste calme » à « arrête de t'énerver pour un rien », « s'il te plaît, déchausse-toi » à « ne rentre pas avec tes chaussures sales »… Il faut éviter de jouer avec la culpabilisation et l'accusation en faisant croire à l'autre qu'il est responsable de ce que vous ressentez ou de ce qui vous arrive : « c'est de ta faute, si je suis en colère », « ah ! si je ne t'avais pas épousé, je n'aurais jamais… ».

Communiquez à partir de faits et non d'impressions car ces dernières ne se fondent que sur des ressentis. En émettant des opinions, sans valider la réalité, vous courez le risque de faire une erreur d'interprétation. Par exemple, votre mari est en retard le jour de votre anniversaire pour aller au restaurant. Vous pouvez imaginer « il ne m'aime plus comme avant » en accordant plus de poids à votre conviction qu'à une cause externe pour expliquer le retard (embouteillage, appel d'un client…). Les suppositions, les interprétations prennent naissance dans vos peurs. Il faut donc s'en méfier.

Toutes ces indications pour mieux communiquer dans le couple s'appliquent à la communication de manière générale en famille, entre amis et dans le monde du travail.

Avec les enfants

Le développement de l'enfant se construit en fonction de l'attitude de ses parents à son égard. Plus les « nourritures affectives » sont sécurisantes et plus l'enfant développera des capacités de résilience. Il disposera de ressources dans lesquelles il pourra puiser le moment venu. La manière de l'aimer, la façon d'exprimer votre amour s'imprègne dans sa mémoire inconsciente. Votre affection inconditionnelle, vos bons soins et votre soutien lui donnent confiance en lui avec une vision positive du monde et déterminent ses relations à venir avec autrui, ses réactions aux séparations et aux stresseurs.

Les enfants sont des victimes faciles de parents stressés. Ainsi, après une mauvaise journée de travail, l'un des parents pourra s'énerver contre son enfant débordant d'énergie. Gardez à l'esprit que soulager son stress sur un enfant n'est ni juste ni souhaitable, d'une part parce qu'il n'est pas le stresseur d'origine et d'autre part parce que cela ne vous libérera pas de votre mal-être et n'aura que des conséquences fâcheuses pour votre enfant.

L'idée d'élever un enfant sans stress est dangereuse et irréaliste. Le stress alimente le défi, la motivation et la protection. En revanche, c'est la manière d'aider l'enfant à traverser les difficultés avec succès qui est profitable, sans pour autant se substituer à lui. Il faut l'encourager dans ses apprentissages, le faire puiser dans ses capacités authentiques, lui faire des critiques constructives et lui montrer que son attitude peut influencer le déroulement des événements. La critique constructive permet de grandir dans un climat de confiance, la critique négative tue l'estime de soi comme l'expression « tu es nul ».

Il est important de lui accorder votre confiance, de le reconnaître en tant que personne à part entière tout en fixant des limites et en l'accompagnant dans l'amour. Toutes ces contributions construisent les piliers de son estime envers lui-même. Veillez à ce que ses objectifs ou les vôtres soient réalisables sans le surestimer ou le sousestimer. Faites-lui découvrir les contraintes de la réalité afin qu'il développe des compétences personnelles pour s'adapter et qu'il y associe des expériences sans que vous amortissiez les coups de la vie. Aimer son enfant n'est pas le surprotéger. Il a besoin d'acquérir de l'autonomie en étant soutenu et encouragé dans l'épreuve.

Le comportement parental a un lien direct sur le stress scolaire. La représentation du système scolaire de l'enfant peut être dénaturée par la perception de ses parents en fonction de leurs vécus scolaires (réussite ou échec). La forte inquiétude des familles à l'égard de la réussite scolaire a pour effet pervers d'angoisser l'enfant sur ses compétences au lieu de le rassurer. L'insertion sociale est au cœur de toutes les préoccupations. Soumis déjà à la pression des professeurs, des médias (sur le chômage, la mondialisation) et de l'institution scolaire, l'école n'est plus un lieu où l'on vient avec plaisir découvrir le savoir de l'humanité et développer un esprit critique mais un endroit d'évaluation où l'élève doit faire ses preuves. L'école peut mettre en danger l'élève s'il a le sentiment qu'il va être ou qu'il est dépassé.

Parmi les angoisses ressenties par les parents, les problèmes d'insécurité à l'école arrivent en tête, suivis de la crainte de mauvais enseignants, la peur de mauvais résultats, le choix de l'orientation et des difficultés d'intégration. Il est important en tant que parents de dédramatiser en s'efforçant de chasser les idées irrationnelles pour s'attacher à la réalité.

L'attitude positive en tant que parents est donc de soutenir l'enfant, de l'encourager dans ses efforts et d'expliquer en interaction avec les enseignants le vrai sens de l'école et non de le réduire à un système qui produit des notes, des orientations et des sélections. Le sens se construit à partir du capital culturel laissé en héritage par les générations précédentes. Le fondement des matières enseignées permet d'en percevoir l'utilité car sorties de leur contexte, elles sont pour l'élève une accumulation de savoirs inutiles mais obligatoires pour passer dans la classe supérieure. Chaque tâche, chaque savoir, chaque exercice doit avoir une raison d'être à ses yeux. Le sens dépend des envies qu'il satisfait : par exemple, en apprenant des langues étrangères l'élève va pouvoir mieux communiquer avec les jeunes de son âge au camping, l'été suivant (utilité immédiate). Le sens comble des besoins : d'un naturel curieux, l'enfant est désireux de savoir, l'adolescent est soucieux de comprendre la vie et le monde qui l'entoure. Le sens est porteur d'intérêt qui est lui-même empli du désir de connaître.

Apprendre devient le plaisir de la découverte, de la compréhension de l'unité de la condition humaine à la fois physique, biologique, psychique, culturelle, sociale et historique dans son environnement.

S'occuper trop des enfants en leur faisant faire leur devoir les prive d'autonomie et devient aussi néfaste dans le temps que l'abandon des parents. En tant que parents, il faut savoir trouver le juste milieu entre trop et pas assez. Aucune substitution des rôles n'est bénéfique : l'école est responsable de la pédagogie, les parents de l'éducation.

L'orientation des enfants pour le choix d'un métier est un stresseur dans la mesure où ils ont des difficultés à se projeter dans l'avenir. Le respect de leur choix est tout aussi important car les enfants ne doivent pas réaliser vos rêves inassouvis ou choisir une profession dans la lignée de plusieurs générations.

Votre rôle en tant que parents est déterminant. Pour aider vos enfants à grandir dans la sérénité, vous devez leur donner la confiance et la sécurité. Il faut savoir écouter, entendre, donner des repères, dialoguer avec eux et avoir des comportements positifs qui leur servent de référence.

À l'adolescence, le choix des amis de votre enfant, ses comportements provocateurs (manière de s'habiller, de s'exprimer...) peuvent vous perturber. Gardez toujours votre sens du dialogue, de l'écoute et du respect sans vous départir de votre position hiérarchique qui donne des repères stables à l'adolescent. Il faut apprendre à garder une certaine distance émotionnelle et ne pas tomber dans le piège de la riposte. Observez que lorsqu'il est en colère, il a vite fait de vous mettre en colère. Or la colère ne construit rien, elle provoque rancune et amertume. Si vous apprenez à renoncer à cette explosion et à faire preuve de patience, progressivement il agira comme vous. Cette prise de recul est difficile car son comportement vous blesse au plus profond de vos entrailles et vous avez parfois envie de régler le problème une bonne fois pour toutes. L'affrontement permettra de vous défouler sur l'instant mais ne résoudra rien et risquera même d'aggraver la situation. Il est donc préférable de travailler sur vous afin que ses mots ou ses attitudes n'aient plus de prise émotionnelle sur votre personne.

Dans cette période de fragilité, il est important de ne pas baisser les bras et de continuer à accompagner l'adolescent dans la vie : ses réalités, ses exigences, ses règles sociales… et de renflouer son estime de soi défaillante ou secouée à cette période de la vie. Les discussions doivent être basées sur la compréhension, l'écoute véritable et l'amour. Les rapports de force semblent fonctionner tant que vous avez la domination physique et mentale. Or, la force qui ne protège pas mais oppresse va induire de la résistance et devenir un modèle de relation. Tant et si bien, que le rapport de force pourra un jour s'inverser à votre encontre.

Évitez de minimiser ses préoccupations ou de vous moquer de « l'âge bête » et de ses états d'âme. N'apportez pas de réponses toutes faites, essayez de le faire réfléchir à ses propres solutions. Pour surmonter les différences qui existent entre vous, commencez par les accepter. Votre enfant n'est pas votre clone, il est lui.

En tant que parents, vous devez révéler le meilleur de vous-même en transmettant les valeurs que vous avez reçues de vos parents et en ne reproduisant pas leurs erreurs. La famille et les amis sont les meilleurs antidotes aux stresseurs.

Dans la vie professionnelle

Les relations entre employeurs et employés sont décisives dans l'apparition du *burnout* et pèsent lourdement sur l'absentéisme, le *turnover*, le nombre de retards, d'erreurs, la productivité ou la modification des comportements (hausse des conflits, manque de motivation et perte de l'esprit d'équipe). La stratégie à mettre en place pour lutter contre l'épuisement professionnel se situe dans la réflexion éthique, social, médical, psychologique et ergonomique car elle a à résoudre une problématique existentielle. Si le stress donne le goût du challenge et mobilise les moyens sur le court terme, trop de stress tue la performance et la créativité. Pourtant nombreux sont les managers qui pensent encore que seul le stress peut relancer les priorités : croissance du chiffre d'affaires, respect des délais, meilleure productivité…

Existe-t-il un management qui allie pression positive et rendement ? Oui, nous en parlerons. Mais la pression négative fait agir les salariés sous la contrainte ou la peur : « Si vous n'atteignez pas vos objectifs, je me verrai dans l'obligation de mettre un terme à votre contrat de travail. » Cette méthode a des effets de courte durée. S. W Gellerman dans son ouvrage *Les relations humaines dans la vie de l'entreprise*, écrit à ce sujet : « Un adulte qui constate qu'on nie sa maturité dans sa vie professionnelle peut soit se révolter, soit démissionner, soit se soumettre ; aucune de ces éventualités ne le met en position de donner le meilleur de lui-même dans son travail. »

À l'inverse, le management qui suscite l'adhésion et encourage l'action et la créativité du salarié favorise la pérennité de l'entreprise. La motivation du salarié repose au départ sur son intérêt personnel : gagner de l'argent et faire carrière. L'entreprise éprouve le même besoin de sécurité pour assurer sa survie : faire du résultat et conquérir de nouveaux marchés. Le point de rencontre entre la motivation personnelle et l'intérêt de l'entreprise ne se fait pas à ce niveau de conscience primaire qui ne satisfait que l'aspect financier et sécuritaire de l'employé et de l'employeur. Il se fait à un stade de conscience supérieure où d'une part, le salarié se réalise dans son travail en ayant le sentiment d'être dans sa mission et d'autre part, il se sent intimement lié à la culture d'entreprise, à ses valeurs et à son éthique. Il est reconnu par l'employeur pour ses talents et en retour, il éprouve de la fierté à les mettre à la disposition de son entreprise dont il approuve la mission globale. Son ambition correspond à celle de sa société car son travail lui permet d'exprimer ses motivations profondes. Les objectifs sont réalistes et partagés à la fois par l'employeur et le salarié. Il progresse avec l'entreprise par la formation continue et la fait évoluer par son esprit d'innovation. Il se sent utile. L'intérêt personnel se fond avec celui de l'entreprise pour produire le meilleur produit ou le meilleur service qui créera la différence non seulement face aux concurrents mais aussi dans la satisfaction du plus grand nombre des consommateurs.

Cette méthode qui garantit la réussite dans la durée exige de nombreuses qualités de la part du manager : authenticité fondée sur des valeurs et sur l'éthique, du charisme, du leadership...

Avant toutes choses, vous devez en tant que manager faire preuve de savoir être autant que de savoir faire. La sérénité doit contrebalancer une énergie débordante, l'autorité doit accompagner l'empathie, l'équilibre entre les intérêts de l'entreprise et ceux des salariés doit être toujours maintenu. Formulés ainsi, ces conseils théoriques sont louables mais vous semblent difficiles à mettre en œuvre. C'est vrai. Il faut savoir maîtriser la réflexion stratégique à partir de l'environnement et conjuguer avec les forces et faiblesses de l'entreprise, mais il faut, en plus, les fédérer par son attitude et sa communication. Cependant, cette approche repose sur des principes simples quant aux rapports humains et sur les qualités personnelles : honnêteté, force de conviction, capacité d'adaptation, enthousiasme, patience, empathie…

Ainsi, si en tant que manager, il est indispensable que vous anticipiez, déléguiez, consultiez et tranchiez, il faut aussi que vous veilliez à être juste et équitable dans les rémunérations, les décisions et les sanctions. *Donnez l'exemple* en pratiquant ce que vous demandez aux autres de faire. Vous ne pouvez pas exiger des autres ce que vous ne respectez pas vous-même. Il est difficile de sanctionner quelqu'un qui arrive en retard alors que vous n'êtes jamais à l'heure. Méfiez-vous cependant de ne pas imposer aux autres ce que vous êtes capable de vivre ou d'assumer. Nous n'avons pas tous la même approche du supportable et de l'insupportable !

Soutenez le dialogue social et la cohérence sociale pour obtenir une qualité relationnelle. Ne croyez pas qu'il faille diviser pour mieux régner. Désamorcez les conflits et les rivalités le plus tôt possible. Installer des relations harmonieuses et mettre vos collaborateurs en valeur sont des anti-stresseurs efficaces. La compétition enfante des ennemis, la coopération des compagnons solidaires.

Établissez et faites partager les valeurs et l'éthique de l'entreprise par tous les salariés. Les valeurs et l'éthique s'opposent à des comportements d'employeurs peu scrupuleux et différencient votre entreprise des autres. Agissez toujours selon les valeurs, l'éthique et la culture d'entreprise énoncées, car autrement vous risquez de perdre toute la confiance des salariés. En donnant votre vision de l'entreprise, humaine et productive, les salariés se sentiront concernés et ne vivront pas les changements comme des stresseurs mais de nouveaux défis à surmonter ensemble. Les résistances seront vaincues car devinées, entendues, expliquées, accompagnées et vécues dans la solidarité.

Faites-vous reconnaître par votre capacité à détecter les talents. Sachez découvrir les qualités de chacun pour les laisser s'exprimer au sein de l'entreprise. *Apprenez à écouter* sans idées préconçues, à être attentif et à apporter à chacun ce qui lui convient et pas forcément ce que vous aviez prévu à son égard. Adoptez la prise de recul et la réflexion en faisant nuancer les pensées problématiques des salariés par des questions précises (où, quand, combien ?...), rationalisez les propos incohérents et les émotions trop fortes et fluidifiez les rigidités. Cela suppose une autre qualité : l'affirmation de soi. En tant qu'individu, apprenez à vous connaître, à avoir confiance en vous et à pratiquer l'authenticité, l'honnêteté, l'intégrité et enfin à acquérir une force de travail et de caractère. Dans vos relations avec les autres, soyez attentif à votre manière de communiquer. Enfin, dans la stratégie et la conduite de l'entreprise ou de l'équipe restez conscient des responsabilités de votre poste, soyez porteur de sens et préférez le long terme au court terme. Garantissez la qualité de l'environnement et de bonnes conditions de travail.

La qualité du groupe dépend de celle du leader, qui pourra résister comme lui dans l'épreuve ou les difficultés.

Ne confondez pas l'urgent et l'important : si vous donnez à chaque tâche un caractère d'urgence afin d'être certain qu'elle soit effectuée dans les plus brefs délais, vous allez épuiser le(s) salarié(s) et lorsque vous aurez une réelle tâche urgente, elle sera traitée de la même manière que les autres.

Dans un contexte de mondialisation, rassurez vos salariés si vous n'avez aucun projet d'externalisation, de fusion ou de restructuration. Souvenez-vous que l'incertitude est l'un des facteurs de stress les plus déstabilisants.

Au sein d'une équipe, il est important *d'identifier clairement les objectifs et les responsabilités de chacun* car l'ambiguïté est un stresseur substantiel. Créer, entretenir et si nécessaire rétablir la confiance et l'esprit d'équipe permet à chacun de pouvoir s'appuyer sur le groupe et de ne pas considérer ses membres comme des rivaux. Les liens bien établis entre le travail de chacun et l'organisation générale de l'entreprise favorisent le sens de la mission de chaque salarié car le travail morcelé le prive de la vision globale, donc de sa contribution personnelle et de la prise de conscience de son activité. L'information est primordiale afin que chacun se sente partie prenante de l'entreprise et contribue de manière positive aux objectifs fixés : n'hésitez pas à mettre en place des actions qui impliquent tout le personnel dans un but commun (sur la qualité, concours de nom pour un nouveau produit...).

Le salarié doit pouvoir bénéficier d'une certaine marge de manœuvre afin *d'avoir le sentiment de contrôler son environnement :* autonomie dans son travail, aménagement personnel de son bureau... Il faut être vigilant sur la routine et veiller à enrichir les postes au fur et à mesure de l'évolution de l'entreprise afin d'éviter le travail répétitif, source de stress.

Si vous êtes chef d'entreprise, réfléchissez à la mise en place d'un intéressement ou d'une participation aux résultats (si vous n'en avez pas) afin que chaque salarié puisse bénéficier des résultats de l'entreprise («plus je m'investis, plus je suis payé en retour»).

Ne pas stresser les autres exige également de se méfier des quatre saboteurs de la relation qui empêchent de communiquer pleinement:
– ne pas pouvoir demander;
– ne pas pouvoir s'exprimer;
– ne pas pouvoir recevoir;
– ne pas pouvoir refuser.

Enfin, si le stress gagne l'équipe, sachez réagir. Recherchez les causes et prenez des mesures ou une attitude qui fasse redescendre la pression.

Conclusion

Si cette lecture vous a permis de mieux comprendre le stress, songez à prendre soin de vous lorsqu'il commence à nuire à votre santé.

Mon vœu est que ce livre soit pour chaque lecteur une invitation à s'entendre et à choisir sa vie. Si votre corps et/ou votre mental émettent des signaux d'alarme, ne restez pas inactif. Vos maux sont des appels au secours de votre organisme, sachez les entendre, les décoder et surtout réagir pour redonner à votre vie toute sa cohérence. Rien ne s'améliorera sans la volonté d'agir sur ce qui vous stresse ! Vous ne pouvez pas museler éternellement la souffrance car elle emploiera des moyens de plus en plus forts (maladie y compris) pour arriver à se faire entendre de vos sourdes oreilles. L'écoute de votre mal-être doit être suivie d'une réflexion sur vos stresseurs et vos aspirations profondes pour vous libérer des tensions et accéder à vos vrais désirs. Votre guérison et votre épanouissement personnel dépendent des actions que vous mènerez à l'intérieur de vous.

Sachez également être attentif à votre manière d'être et de communiquer afin de ne pas stresser les autres. Évitez les accusations, les non-dits, les ingérences... qui privent l'autre de l'expression de sa personnalité. Acceptez la différence car elle est complémentaire à vos propres richesses.

J'espère que cet ouvrage a pu vous permettre de réfléchir sur le sens que vous voulez donner à votre vie. Le bonheur est un état qui s'acquiert au fil du temps par la connaissance de soi et votre mission dans la vie.

Le chemin est parfois long avant de se trouver. Sachez que chaque pas parcouru vous amène à destination, alors ne désespérez jamais !

Bibliographie

Selye H., *Stress sans détresse,* Montréal, La Presse, 1974.

Selye H., *Le stress de la vie,* Ottawa, Lacombe, 1975.

Drs André Christophe, Lelord François, Légeron Patrick, *Le stress,* Toulouse, Éditions Privat, 1998.

Jo Godfroid, *Psychologie Science humaine et Science cognitive,* Bruxelles, Éditions De Boeck Université, 2001.

Myers David G., *Psychologie,* Paris, Éditions Flammarion, 2004.

Sabouraud-Séguin, *Revivre après un choc,* Paris, Éditions Odile Jacob, 2001.

Drs André Christophe, Lelord François, *L'estime de soi,* Paris, Éditions Odile Jacob, 1999.

DEEPAK Chopra, *Vaincre les dépendances,* Monaco, Éditions du Rocher, 2000.

Du même auteur:

Réussir à coup sûr, Boucherville, Éditions de Mortagne, 2000.
Un amour de poète, Cholet, Les deux Encres, 2001.
Kôma, Boucherville, Éditions de Mortagne, 2003.
Les cauchemars réveillent qui vous êtes, Boucherville, Éditions de Mortagne, 2004.
Le rendez-vous, Saint-Maurice, Éditions Clé de sel, 2004.
Rêves et fantasmes érotiques, Boucherville, Éditions de Mortagne, 2005.

TABLE DES MATIÈRES

Chapitre premier :
Comprendre le stress 7
Un concept fourre-tout 7
Une réaction biologique de l'organisme
à une stimulation extérieure 10
Le stress selon votre sexe 13
Le stress selon votre personnalité 16
Le stress selon votre âge 26

Chapitre 2 :
Les effets et les dangers
du stress en continu 33
Une sensation de fatigue 33
Des perturbations psychologiques 35

Des réactions psychosomatiques
ou maladies psychophysiologiques 38
Un sentiment d'échec ou d'incompétence 41
Des troubles sexuels 42
Des signaux comportementaux 44

Chapitre 3 :
Identifier les causes du stress 55
Le stress post-traumatique 55
Les événements heureux et malheureux,
sources de changement 58
Le vide affectif, la mésentente familiale 67
La vie professionnelle 70
Le harcèlement 74
La vie scolaire 75
Les conditions de vie 78
Les valeurs de la société de consommation
et de performance 85
Les difficultés liées à la personnalité 88
La peur de l'avenir 90

Chapitre 4 : Stratégies anti-stress 93
S'éveiller à la connaissance de soi 94
Développer la résilience 97
Devenir votre meilleur ami 99
Donner un sens à votre vie 103
Savoir dire « non » 106
Prendre conscience
des occasions de stress 108
Positiver votre stress
en utilisant l'énergie générée 117

Choisir une meilleure hygiène de vie 119
Mettre en éveil tous ses sens
et goûter au plaisir de la vie 122
Ouvrir son cœur,
recevoir et donner des signes de reconnaissance,
pardonner et pratiquer l'empathie 124
Accueillir la foi ou la spiritualité 126
D'autres outils de bien-être 129

Chapitre 5 :
Ne pas stresser les autres 133
Au sein de la famille 135
Dans la vie professionnelle 143

Conclusion 151

Bibliographie 153

« L'aire de famille »

Collection dirigée par
Line Pillet et Michel Salamolard

Lieu de naissance et lieu de sens, avec les mutations qu'elle connaît aujourd'hui, la famille est, sous toutes ses formes, le miroir et le laboratoire de la société actuelle et future. En donnant la parole à des spécialistes ayant également une pratique, cette collection couvre l'ensemble des sujets intéressant la famille et veut apporter des réponses humaines et constructives aux questions des parents, des grands adolescents, voire des enfants.

Titres parus:

– DE COULON Jacques, *Clés pour apprendre. Réussir grâce à la sagesse égyptienne*, 2001.
– SONET Denis, *Leur premier baiser. L'éducation affective des adolescents*, 2001.
– PIRON Claude, DUCARROZ Claude, *Vous, vos enfants… et Dieu. Quand la religion fait problème en famille,* 2001.
– DAVIN José, *Sa vie n'a pas de prix. Accueillir et accompagner la personne handicapée*, 2001.
– SALAMIN Marie-Françoise, *Tout pour être heureux! Comment accueillir, développer et transmettre des aptitudes au bonheur?*, 2001.
– THÉVENOT Xavier, *Mon fils est homosexuel. Comment réagir? Comment l'accompagner?*, 2001.
– POLETTI Rosette, DOBBS Barbara, *Vivre le deuil en famille. Des pistes pour traverser l'épreuve,* 2001.
– NANCHEN Maurice, *Ce qui fait grandir l'enfant. Affectif et normatif, les deux axes de l'éducation,* 2002.

— ZERMATTEN Jean, *Tribunal des mineurs. Le petit tailleur et autres histoires de galère*, 2002.
— BODENMANN Guy, *Le dépistage du divorce*, 2003.
— SALAMIN Marie-Françoise, *Quand la souffrance devient chemin*, 2003.
— DAVIN José et SALAMOLARD Michel, *Avec nos défunts, la relation continuée. De la mort et du deuil à la présence nouvelle*, 2003.
— PERRET-CATIPOVIC Maja et BAVAREL Michel, *Le suicide des jeunes. Comprendre, accompagner, prévenir*, 2004.
— ZERMATTEN Jean (dir.), *Les droits de l'Enfant. Douze récits pour ne pas s'endormir*, 2004.
— AMHERDT François-Xavier, *Prier en famille. La part secrète des jours*, 2005.
— STUTZ Pierre (traduit de l'allemand par Michel SALAMOLARD), *S'épanouir au rythme des saisons*, 2005.
— SALAMIN Marie-Françoise, *Le bon sens de la vie. Trouver son propre chemin*, 2005.
— THEYTAZ Philippe, *Réussir à l'école. Parents, élèves, enseignants… ensemble*, 2005.
— PETITCLERC Jean-Marie, *Une éducation non violente. Comprendre, prévenir, enrayer la violence*, 2005.
— BOULVIN Yves, *Rebondir après l'échec. Un chemin psychologique et spirituel*, 2006.
— SALAMOLARD Michel, *Deviens qui tu es. Jalons pour orienter sa vie*, 2006.
— DELACHAUX Yves Patrick, *Présumé non coupable. Des flics contre le racisme*, 2007.
— SIGGEN Michel, *La sagesse de la loi. Les effets sociaux de nos décisions*, 2007.

Achevé d'imprimer en France le 26 février 2007 sur les presses de

52200 Langres - Saints-Geosmes
Dépôt légal : mars 2007 - N° d'imprimeur : 6601